Ketogene Diät-
Einstei

Erschwingliche und einfache Rezepte,
um Zeit und Geld zu sparen.

Low-Carb- und High-Fat-Rezepte zum
Abnehmen, Heilen des Körpers,
Wiedergewinnen des Selbstbewusstseins
mit leckeren Gerichten.

Susy Martini

Inhaltsverzeichnis

—

3

—

—

Die Informationen auf den folgenden Seiten werden im Großen und Ganzen als wahrheitsgemäße und genaue Darstellung von Tatsachen betrachtet, und als solche liegen alle daraus resultierenden Handlungen ausschließlich in der Verantwortung des Lesers, wenn er die Informationen nicht beachtet, verwendet oder missbraucht. Es gibt keine Szenarien, in denen der Herausgeber oder der ursprüngliche Autor dieses Werkes in irgendeiner Weise für Härten oder Schäden haftbar gemacht werden kann, die ihnen nach der Aufnahme der hier beschriebenen Informationen entstehen könnten.

Darüber hinaus dienen die Angaben auf den folgenden Seiten ausschließlich Informationszwecken und sind daher als allgemeingültig zu betrachten. Sie werden ihrer Natur entsprechend ohne Gewähr für ihre dauerhafte Gültigkeit oder Zwischenqualität präsentiert. Die Erwähnung von Warenzeichen erfolgt ohne schriftliche Zustimmung und kann in keiner Weise als Zustimmung des Warenzeicheninhabers gewertet werden.

EINLEITUNG

Die Optionen für eine gesunde Ernährung sind heutzutage endlos, und die Keto-Diät wird immer beliebter. Keto kann auch als Low Carb High Fat Diät bezeichnet werden. Lernen Sie, wie man wie ein Profikoch kocht, während Sie eine Diät machen, mit diesem fabelhaften neuen Rezeptbuch. Lernen Sie, köstliche, einfach zu kochende Mahlzeiten zuzubereiten, die großartig schmecken und Ihnen gleichzeitig helfen, Gewicht zu verlieren!

Nahrung ist eine Notwendigkeit im Leben, die wir alle als selbstverständlich ansehen. Unsere Ernährung ist das, was wir täglich konsumieren und worüber wir uns bewusst sein sollten. Dieses Buch soll Ihnen zeigen, wie Sie eine Vielzahl von köstlichen Gerichten zubereiten können, in die Sie die Keto-Ernährungsweise einpassen können.

Es gibt zwei Arten von ketogenen Diäten, die ketogene Standarddiät: Dies ist eine sehr kohlenhydratarme Diät, in der Regel weniger als 20 Gramm pro Tag, und die gezielte ketogene Diät: Dies ist ein intermittierender Fastenstil mit einer durchschnittlichen Kohlenhydratzufuhr von etwa 30-50 Gramm pro Tag.

Dieses Keto-Rezeptbuch enthält verschiedene Keto-freundliche Rezepte, die Sie täglich kochen können. Diese Diät ist sehr beliebt, aber es kann schwer sein, sich an diese Grenzen der Kohlenhydrate zu halten. Aber mit Hilfe dieses Rezeptbuchs wird es Ihnen leichter fallen, dieser Diät zu folgen, denn jedes Rezept wurde sorgfältig geplant, so dass sie alle köstlich sind und trotzdem Kalorien und Kohlenhydrate niedrig halten.

Sie werden in der Lage sein, den Lebensstil zu verstehen, den diese Diät erfordert und wie sie funktioniert, damit Sie mit Ihrer Diät erfolgreicher sein können.

Keto-Rezepte sind einfacher zuzubereiten, weil sie die erforderlichen Informationen für ein bestimmtes Rezept liefern. Mit diesem Buch lernen Sie, wie Sie einige der köstlichsten Gerichte zubereiten können, da alle Rezepte sorgfältig mit hochwertigen Zutaten geplant wurden.

Bei jedem Rezept können Sie die Hierarchie von Fett, Kohlenhydraten, Eiweiß und Kalorien nachvollziehen. So können Sie besser verstehen, was Sie essen und wie es sich auf Ihre Ernährung auswirken wird.

Die Rezepte, die Sie in diesem Buch finden, sind gefüllt mit den köstlichen Aromen, die Sie in jedem Restaurant finden könnten. Diese hochwertigen Rezepte sind mehr als nur gut, sie sind großartig! Sie sollten sich diese großartige Gelegenheit nicht entgehen lassen!

Unsere Keto-Diät-Rezepte sind aus verschiedenen Geschmacksrichtungen aus der ganzen Welt entnommen. Wir haben die Rezepte nach der Hauptkohlenhydratgruppe geordnet, die kohlenhydratarm ist. Es ist sehr wichtig, dass Sie die Anleitung durchgehen, bevor Sie mit dem Kochen beginnen, damit Sie eine Vorstellung davon bekommen, wie diese Diät funktioniert.

Wir freuen uns, dass viele unserer Leser diese Diät erfolgreich in ihre Routine implementiert haben und Gewicht verloren haben. Wir verstehen jedoch, dass manche Menschen mehr Anleitung brauchen, deshalb haben wir auch eine Anleitung beigefügt, wie Sie diese Diät richtig und sicher in Ihren Lebensstil einbauen können. Wir haben diese Diät selbst umgesetzt und sind der lebende Beweis dafür, dass sie funktioniert! Es ist eine erprobte und getestete Methode und Sie finden in unserem Buch alle Informationen, die Sie für den Erfolg benötigen.

Ich habe nach der Keto-Diät für etwa 6 Monate jetzt und es funktioniert Wunder. Ich habe eine Menge Gewicht verloren, aber am wichtigsten ist, dass mein Körper anfängt, gut auf die meisten Lebensmittel zu reagieren. Lassen Sie sich nicht entmutigen, wenn Sie das Gefühl haben, dass Sie feststecken, denn wenn alles andere fehlschlägt, können Sie immer wieder auf die fettreiche Ernährungsweise zurückgreifen.

Die Keto-Diät ist derzeit die Low-Carb-Ernährungsweise.

Wie bei den meisten Diäten müssen Sie auch bei Keto sehr genau darauf achten, was Sie essen, denn schon eine kleine Änderung in Ihren Lebensmittelkombinationen kann Ihren Gewichtsverlust drastisch beeinflussen.

Die Keto-Diät ist eine kohlenhydratarme Ernährungsweise, die eine gesündere Alternative zu anderen Modediäten darstellt, die im Laufe der Jahre gekommen und gegangen sind. Die Keto-Diät macht es viel einfacher für Menschen, ihr Gewicht zu halten, da sie Sie von Kohlenhydraten oder zuckerhaltigem Obst und Leckereien begrenzt. Es fördert auch einen Gewichtsverlust von Fett und im Gegensatz zu anderen Diäten, die den Gewichtsverlust in einer kurzen Zeitspanne fördern, macht die Keto-Diät es so, dass das Gewicht weiterhin über einen längeren Zeitraum verloren wird. Auf diese Weise beginnen Sie, Ergebnisse zu sehen, aber dennoch gibt es keinen drastischen Gewichtsverlust, wie Menschen mit anderen Diäten bekommen könnte.

Sobald ich mit der Keto-Diät begonnen hatte, bemerkte ich Veränderungen an mir selbst, sowohl was meine Motivation beim Training als auch mein Energieniveau während des Tages angeht. Insgesamt habe ich eine Menge Gewicht verloren und festgestellt, dass mein Körper widerstandsfähiger gegen Krankheiten wird.

Keto Paprika Huhn

Zubereitungszeit: 5 Minuten

Kochzeit: 30 Minuten

Portionieren: 4

ZUTATEN:

- 1 Esslöffel Avocadoöl.
- 1 Pfund knochenlose, hautlose Hähnchenschenkel.
- 2 Esslöffel mildes Paprikapulver.
- 1 Teelöffel koscheres Salz zum Abschmecken.
- 1/2 Teelöffel gemahlener schwarzer Pfeffer zum Abschmecken.
- 1/2 Teelöffel gemahlene Gelbwurzel.
- 1/2 Teelöffel Knoblauchpulver.
- 1 Tasse Kirschtomaten.
- 1/2 große und in Scheiben geschnittene gelbe Zwiebel.
- 1/4 Pfund gehackter Babyspinat.
- 1 Handvoll gehackter frischer Koriander.
- 2/3 Tasse Kokosnussmilch aus der Dose mit vollem Fettgehalt.
- 1 Karotte in Scheiben geschnitten.
- 1 Zucchini in Scheiben geschnitten.

RICHTUNG:

1. Geben Sie das Hähnchenfleisch, Paprika, Salz, Pfeffer, Kurkuma und Knoblauchpulver in eine große Rührschüssel und mischen Sie alles gut durch. Schneiden Sie die Zwiebeln mit einem scharfen Messer und hacken Sie den Spinat und

Koriander. Stellen Sie eine Pfanne auf mittlere Hitze und geben Sie das Öl hinein. Sobald das Öl heiß ist, geben Sie das Hähnchen hinein und braten es etwa fünf bis sechs Minuten lang.

2. Drehen Sie das Hähnchen um und braten Sie es weitere drei Minuten. Die Tomaten, Karotten, Zucchini und die in Scheiben geschnittene Zwiebel hinzugeben, umrühren und etwa fünf bis sieben Minuten kochen, bis die Tomaten gar sind. Fügen Sie den gehackten Koriander, den Spinat und die Kokosmilch hinzu und rühren Sie alles um.

3. Verringern Sie die Hitze auf niedrig, kochen Sie weitere acht bis zehn Minuten, bis das Huhn vollständig gegart ist. Servieren.

Anmerkungen: Dieses Rezept kann so wie es ist oder über Blumenkohlreis oder glutenfreie Nudeln serviert werden. Die Nährwertangaben sind pro Portion berechnet.

ERNÄHRUNG: Kalorien 292, Fett 18 g, Natrium 719 mg, Kohlenhydrate 9 g, Ballaststoffe 3 g und Eiweiß 25 g.

Low Carb Gebackenes Huhn und Gemüse

Zubereitungszeit: 10 Minuten

Kochzeit: 40 Minuten

Portionieren: 3

ZUTATEN:

- 1 Esslöffel gesalzene Butter oder Kokosnussöl (milchfreie Alternative).
- 1 gehackte Knoblauchzehe.
- 1/2 Teelöffel Salz.
- 1/2 Teelöffel schwarzer Pfeffer.
- 3/4 Teelöffel gemahlener Kreuzkümmel.
- 1/4 Teelöffel Paprika.
- 1/4 Teelöffel gemahlener Koriander.
- 1/8 Teelöffel Cayennepfeffer.
- 1 Pfund Hühnerkeulen oder -schenkel.
- 1 Esslöffel Avocadoöl
- 8 oz. geschnittene Champignons.
- 1 geschnittene Roma-Tomate.
- 1 Karotte in Scheiben geschnitten.
- 3 oz. geschnittener Spargel.
- Fühlen Sie sich frei, andere Keto-Gemüse der Wahl hinzuzufügen.

RICHTUNG:

1. Heizen Sie den Ofen auf 450 Grad F vor. Geben Sie in einer großen Schüssel Butter oder Öl, Knoblauch, Salz, Pfeffer, Paprika, Koriander und Cayennepfeffer hinein und mischen Sie alles gut durch. Geben Sie die Hähnchenkeulen oder -schenkel in die Schüssel mit den gemischten Zutaten und rühren Sie sie um.

2. Geben Sie in einer anderen Schüssel die Pilze, Karotten, Tomaten, Spargel und das andere Gemüse hinein. Beträufeln Sie das Gemüse mit Öl und würzen Sie es dann mit Salz und Pfeffer nach Geschmack. Rühren Sie gut um, damit das Gemüse bedeckt ist.

3. Legen Sie das Gemüse auf ein umrandetes Backblech, geben Sie das Hähnchen hinein und schieben Sie das Backblech in den vorgeheizten Ofen. Backen Sie das Hähnchen und das Gemüse etwa 35 bis 40 Minuten, bis die Innentemperatur 165 Grad F beträgt.

4. Stellen Sie den Ofen auf Grillen ein, legen Sie das Backblech auf die zweithöchste Schiene und grillen Sie das Hähnchen und das Gemüse etwa zwei bis vier Minuten, bis das Hähnchen eine braune Farbe annimmt. Servieren.

Anmerkungen: Die Nährwertangaben sind pro Portion berechnet.

ERNÄHRUNG: Kalorien 437, Fett 29,36 g, Kohlenhydrate 8,83 g, Ballaststoffe 3,51 g und Eiweiß 29,36 g.

Gebratenes Huhn und grüne Bohnen Delis

Zubereitungszeit: 15 Minuten

Kochzeit: 45 Minuten

Portionieren: 4

ZUTATEN:

- 6 große Hähnchenschenkel oder -brust mit Knochen und Haut.
- 1 lb. frische grüne Bohnen.
- Marinade:
- 1/3 Tasse kaltgepresstes Olivenöl.
- 1/3 Tasse Zitronensaft.
- 2 Teelöffel Allzweckgewürz.
- 1/2 Teelöffel getrockneter Thymian.
- Salz und frisch gemahlener Pfeffer zum Abschmecken.
- Andere Inhaltsstoffe
- Schale von einer Zitrone.

RICHTUNG:

1. Schneiden Sie die Haut des Hähnchens mit einem Messer ab und legen Sie sie beiseite. Geben Sie alle Zutaten für die Marinade in eine große Rührschüssel und verrühren Sie sie gut. Gießen Sie etwa die Hälfte der Marinade in einen Zip-Lock-Beutel, geben Sie das Hähnchen hinein, schütteln Sie es und lassen Sie es etwa 30 Minuten oder länger

marinieren. Bewahren Sie den Rest der Marinade für die grünen Bohnen auf.

2. Schneiden Sie in der Zwischenzeit die Enden der grünen Bohnen ab und legen Sie die Bohnen in Eiswasser, um sie knusprig zu machen. Als Nächstes heizen Sie den Ofen auf 425 Grad F vor, lassen das Hähnchen in einem Sieb von der Marinade abtropfen und geben es auf ein gefettetes Backblech.

3. Legen Sie das Backblech in den vorgeheizten Ofen und backen Sie es etwa 20 Minuten lang. Sobald das Huhn gar ist, das Backblech aus dem Ofen nehmen, die grünen Bohnen an einem Ende des Backblechs hinzufügen, die Bohnen mit der reservierten Marinade bestreichen und dann die Zitronenschale hinzufügen.

4. Das Backblech wieder in den Ofen schieben und etwa zwanzig Minuten garen. Servieren.

5. Hinweise

6. Wenn Sie große Hähnchenteile verwenden, sollten Sie den Gargrad mit einem Thermometer prüfen. Vergewissern Sie sich, dass der Gargrad ca. 165 Grad F beträgt. Die Nährwertangaben sind pro Portion berechnet.

ERNÄHRUNG: Kalorien 200, Kohlenhydrate 10 g, Fett 8 g und Eiweiß 20 g.

Leckere Hähnchen-Frikadellen

Zubereitungszeit: 10 Minuten

Kochzeit: 30 Minuten

Portion: 13 Frikadellen.

ZUTATEN:

- Frikadellen
- 1 Pfund gemahlenes Hühnerfleisch.
- 1/4 rote Zwiebel.
- 1/2 Tasse Karotten.
- 2 Knoblauchzehen.
- Eine Prise Salz und Pfeffer zum Abschmecken.
- Huhn Sauce
- 1/2 Tasse Ghee.
- 1 gewürfelte Zwiebel.
- 4 gehackte Knoblauchzehen.
- 2 Teelöffel Chilipulver.
- 1 1/2 Teelöffel Kreuzkümmel.
- 1 Teelöffel getrockneter Koriander.
- 1 Teelöffel Kurkuma.
- 1 Teelöffel Ingwer.
- 1/2 Teelöffel Zimt.
- 1/4 Teelöffel gemahlener Pfeffer zum Abschmecken.
- 1/4 Teelöffel Cayennepulver.
- 1 Esslöffel Zitronensaft.

- 1 (6oz.) Tomatenmark.
- 1 (14oz.) Kokosmilch in Dosen.

RICHTUNG:

1. Heizen Sie den Ofen auf 400 Grad vor. Verwenden Sie dann eine Küchenmaschine oder einen Hochgeschwindigkeitsmixer und fügen Sie alle Zutaten für die Fleischbällchen außer dem gemahlenen Hähnchen hinzu und pürieren Sie sie, bis die Mischung zerkleinert ist. Geben Sie das gemahlene Hähnchenfleisch in eine große Rührschüssel, fügen Sie die gemischten Zutaten hinzu und vermengen Sie sie.

2. Aus der Mischung etwa dreizehn Frikadellen formen, ein Backblech mit Pergamentpapier auslegen und die Frikadellen hineingeben. Legen Sie das Backblech in den vorgeheizten Ofen und backen Sie es etwa zehn bis fünfzehn Minuten.

3. Um die Soße zuzubereiten, erhitzen Sie eine Pfanne auf mittlerer Stufe und geben Sie etwa die Hälfte des Ghees hinein. Sobald es heiß ist, fügen Sie die Zwiebeln hinzu und braten Sie sie ein paar Minuten lang an, bis sie glasig werden. Fügen Sie den Knoblauch und alle Gewürze hinzu, reduzieren Sie die Hitze auf mittel-niedrig, fügen Sie das restliche Ghee mit den anderen Zutaten hinzu und bringen Sie es zum Kochen. Vergessen Sie nicht, während des Kochens zu rühren.

4. Geben Sie dann die gekochten Hühnerfleischbällchen hinzu, decken Sie die Pfanne ab und kochen Sie weitere zehn bis

fünfzehn Minuten, bis die Fleischbällchen durchgebraten sind. Servieren.

Anmerkungen: In diesem Rezept wird Ghee verwendet, aber Sie können das Ghee durch Butter oder Pflanzenöl ersetzen, falls gewünscht. Die Nährwertangaben sind pro Portion, zwei Frikadellen, berechnet.

ERNÄHRUNG: Kalorien: 186, Kohlenhydrate: 6 g, Nettokohlenhydrate 3,6 g, Eiweiß: 7,6 g, Fett: 15,7 g, Natrium: 228 mg und Ballaststoffe: 1,2 g.

FLEISCH

Schweinefleisch Carnitas

Zubereitungszeit: 35 Min.

Kochzeit: 25 Minuten

Portionieren: 4

ZUTATEN

- 1 Esslöffel Ghee
- 1 Pfund Schweineschulter mit Knochen
- ½ Teelöffel Knoblauchpulver
- Salz und schwarzer Pfeffer, nach Geschmack
- 1 Orange, entsaften

ANWEISUNG

1. Würzen Sie das Schweinefleisch mit Knoblauchpulver, Salz und schwarzem Pfeffer.
2. Geben Sie das gewürzte Schweinefleisch, Ghee und die Orange in den Schnellkochtopf.
3. Kochen Sie ca. 25 Minuten auf HOHEM Druck.
4. Den Druck natürlich ablassen und zum Servieren anrichten.

ERNÄHRUNG: Kalorien: 284 Kohlenhydrate: 6.7g Fette: 19.4g Proteine: 19.7g Natrium: 274mg Zucker: 5.4g

Leichtes Rinderbrustfilet

Zubereitungszeit: 45 Min.

Kochzeit: 33 Minuten

Portionieren: 6

ZUTATEN

- 1 Esslöffel Butter
- 2 Pfund Rinderbrust
- 2 Knoblauchzehen, gehackt
- Salz und schwarzer Pfeffer, nach Geschmack
- 1 kleine Zwiebel, in Scheiben geschnitten

ANWEISUNG

1. Butter in einem großen Wok erhitzen und Zwiebeln und Knoblauch hinzufügen.
2. Etwa 3 Minuten anbraten und Rinderbrust, Salz und schwarzen Pfeffer hinzufügen.
3. Bedecken Sie den Deckel und kochen Sie ca. 30 Minuten bei mittlerer bis niedriger Hitze.
4. Die Rinderbrust herausnehmen und zum Servieren auf einem Schneidebrett in gewünschte Scheiben schneiden.

ERNÄHRUNG: Kalorien: 304 Kohlenhydrate: 1,4g Fette: 11,4g Proteine: 46,1g Natrium: 114mg Zucker: 0,5g

Speck-Schweinekoteletts

Zubereitungszeit: 55 Min.

Kochzeit: 20 Minuten

Portionieren: 8

ZUTATEN

- 12 Speckstreifen, halbiert
- 8 Schweinekoteletts, nicht entbeint
- 2 Esslöffel Butter
- Salz und schwarzer Pfeffer, nach Geschmack
- 1 Tasse Schweizer Käse, geraspelt

ANWEISUNG

1. Würzen Sie die Schweinekoteletts mit Salz und schwarzem Pfeffer.
2. Geben Sie die Butter und die gewürzten Schweinekoteletts in einen Wok.
3. Etwa 3 Minuten auf jeder Seite braten und Speck hinzufügen.
4. Zugedeckt ca. 15 Minuten bei mittlerer Hitze kochen und Käse hinzufügen.
5. Decken Sie den Deckel wieder zu und kochen Sie ca. 5 Minuten, bis der Käse geschmolzen ist.
6. Gut umrühren und zum Servieren auftischen.

ERNÄHRUNG: Kalorien: 483 Kohlenhydrate: 0,7g Fette: 40g Proteine: 27,7g Natrium: 552mg Zucker: 0,2g

Jamaikanischer Schweinebraten

Zubereitungszeit: 2 Stunden

Kochzeit: 1 Stunde

Portionieren: 4

ZUTATEN

- 1 Esslöffel Butter
- 1 Pfund Schweineschulter
- ¼ Tasse Rinderbrühe
- Salz und schwarzer Pfeffer, nach Geschmack
- ¼ Tasse Jamaican Jerk-Gewürzmischung

ANWEISUNG

1. Heizen Sie den Ofen auf 360 Grad vor und fetten Sie eine Auflaufform leicht ein.
2. Lassen Sie das Schweinefleisch etwa 1 Stunde lang in der Rinderbrühe einweichen.
3. Bestreichen Sie das Schweinefleisch mit der geschmolzenen Butter und bestreuen Sie es mit der jamaikanischen Jerk-Gewürzmischung, Salz und schwarzem Pfeffer.
4. Auf die Auflaufform legen und in den Ofen schieben.
5. Ca. 1 Stunde backen und zum Servieren auftischen.

ERNÄHRUNG: Kalorien: 359 Kohlenhydrate: 0,1g Fette: 27,2g Proteine: 26,7g Natrium: 145mg Zucker: 0g

Zitrus-Schweinefleisch

Zubereitungszeit: 45 Min.

Kochzeit: 30 Minuten

Portionieren: 8

ZUTATEN

- 2 Esslöffel Butter
- 2 Pfund Schweineschulterbraten, ohne Knochen
- 1 Esslöffel Zitronensaft
- Salz und schwarzer Pfeffer, nach Geschmack
- 1 Esslöffel Zitronenschale, frisch gerieben

ANWEISUNG

1. Heizen Sie den Ofen auf 380 Grad vor und fetten Sie eine Auflaufform leicht ein.
2. Mischen Sie Butter, Zitronensaft, Zitronenschale, Salz und schwarzen Pfeffer in einer Schüssel.
3. Schrubben Sie das Schweinefleisch mit dieser Mischung und legen Sie es auf die Auflaufform.
4. In den Ofen schieben und ca. 30 Minuten backen.
5. Zum heißen Servieren anrichten.

ERNÄHRUNG: Kalorien: 317 Kohlenhydrate: 0,2g Fette: 26g Proteine: 19,1g Natrium: 96mg Zucker: 0,1g

Paprika-Pilz-Schweinefleisch

Zubereitungszeit: 35 Min.

Kochzeit: 18 Minuten

Portionieren: 8

ZUTATEN

- 2 Esslöffel Butter
- 2 Pfund Schweinelende
- ¾ Tasse saure Sahne
- Salz und schwarzer Pfeffer, nach Geschmack
- 1 Tasse weiße Champignons

ANWEISUNG

1. Würzen Sie das Schweinefleisch mit Salz und schwarzem Pfeffer.
2. Butter in einem Wok erhitzen und Schweinefleisch hinzufügen.
3. Etwa 3 Minuten anbraten und saure Sahne und Pilze hinzufügen.
4. Bedecken Sie den Deckel und kochen Sie etwa 15 Minuten lang.
5. Anrichten und heiß servieren.

ERNÄHRUNG Kalorien: 348 Kohlenhydrate: 1,2g Fette: 23,2g Proteine: 32g Natrium: 103mg Zucker: 0,2g

Pesto-Parmesan-Schweinekoteletts

Zubereitungszeit: 7 Stunden 40 Min.

Kochzeit: 30 Minuten

Portionieren: 6

ZUTATEN

- 1 Tasse Parmesankäse, geraspelt
- ½ Tasse Petersilie, gehackt
- 6 Schweinekoteletts, ohne Knochen
- 6 Esslöffel Pesto-Sauce
- Salz und schwarzer Pfeffer, nach Geschmack

ANWEISUNG

1. Würzen Sie die Schweinekoteletts mit Petersilie, Salz und schwarzem Pfeffer.
2. Mit Pesto-Sauce beträufeln und in den Slow Cooker geben.
3. Decken Sie den Deckel ab und kochen Sie auf NIEDRIG für ca. 7 Stunden.
4. Öffnen Sie den Deckel und geben Sie Petersilie und Parmesankäse darüber.
5. Etwa 30 Minuten kochen und heiß servieren.

ERNÄHRUNG: Kalorien: 386 Kohlenhydrate: 2g Fette: 30.5g Proteine: 25.7g Natrium: 329mg Zucker: 1g

Rindfleisch Fajitas

Zubereitungszeit: 45 Min.

Kochzeit: 33 Minuten

Portionieren: 5

ZUTATEN

- 2 Paprikaschoten, in Scheiben geschnitten
- 2 Esslöffel Fajita-Gewürz
- 1½ Pfund Rindfleisch, in Scheiben geschnitten
- 1 Zwiebel, in Scheiben geschnitten
- 2 Esslöffel Butter

ANWEISUNG

1. Butter in der Pfanne erhitzen und Zwiebeln und Paprika hinzufügen.
2. Etwa 3 Minuten anbraten und Rindfleisch und Fajita-Gewürz hinzufügen.
3. Bedecken Sie den Deckel und kochen Sie bei mittlerer bis niedriger Hitze ca. 30 Minuten.
4. Anrichten und heiß servieren.

ERNÄHRUNG: Kalorien: 330 Kohlenhydrate: 8,2g Fette: 13,2g Proteine: 42,1g Natrium: 334mg Zucker: 3,3g

Senf-Schweinekoteletts

Zubereitungszeit: 1 Stunde

Kochzeit: 45 Minuten

Portionieren: 4

ZUTATEN

- 2 Esslöffel Butter
- 4 Schweinekoteletts
- 2 Esslöffel Dijon-Senf
- Salz und schwarzer Pfeffer, nach Geschmack
- 1 Esslöffel frischer Rosmarin, grob gehackt

ANWEISUNG

1. Heizen Sie den Ofen auf 360 Grad F vor und fetten Sie eine Auflaufform leicht ein.
2. Marinieren Sie die Schweinekoteletts mit Rosmarin, Dijon-Senf, Salz und schwarzem Pfeffer.
3. Mit Butter beträufeln und auf die Auflaufform legen.
4. Ca. 45 Minuten backen und zum Servieren warm anrichten.

ERNÄHRUNG: Kalorien: 315 Kohlenhydrate: 1g Fette: 26.1g Proteine: 18.4g Natrium: 186mg Zucker: 0.1g

Rinderhackfleisch und Rosenkohl

Zubereitungszeit: 1 Stunde 40 Min.

Kochzeit: 8 Minuten

Portion: 2

ZUTATEN

- 5 oz Rinderhackfleisch
- 4½ oz Rosenkohl
- ¼ Tasse Mayonnaise
- 1½ oz Butter
- Salz und schwarzer Pfeffer, nach Geschmack

ANWEISUNG

1. Erhitzen Sie 3 Esslöffel Butter in einer großen Pfanne bei mittlerer Hitze und rühren Sie das Rindfleisch ein.
2. Kochen, bis sie eine braune Farbe haben und mit Salz und schwarzem Pfeffer würzen.
3. Reduzieren Sie die Hitze und fügen Sie die restliche Butter, den Rosenkohl, Salz und schwarzen Pfeffer hinzu.
4. Etwa 8 Minuten kochen, dabei gelegentlich umrühren und zum Servieren mit Mayonnaise bestreichen.

ERNÄHRUNG: Kalorien: 356 Kohlenhydrate: 5.5g Fette: 26.9g Proteine: 23.5g Natrium: 202mg Zucker: 0.9g

Schweinefleisch mit Karotten

Zubereitungszeit: 7 Stunden 20 Min.

Kochzeit: 7 Stunden

Portionieren: 8

ZUTATEN

- 1 große Zwiebel, in dünne Scheiben geschnitten
- 2 Pfund Schweineschulterbraten, ohne Knochen
- 4 mittelgroße Möhren, geschält und der Länge nach in Scheiben geschnitten
- Salz und schwarzer Pfeffer, nach Geschmack
- 1 Teelöffel getrockneter Oregano, zerdrückt

ANWEISUNG

1. Bestreuen Sie die Schweineschulter mit Salz, schwarzem Pfeffer und getrocknetem Oregano.
2. Übertragen Sie das gewürzte Schweinefleisch in eine Schüssel und stellen Sie es für ca. 3 Stunden beiseite.
3. Geben Sie Zwiebeln und Karotten in einen langsamen Kocher und fügen Sie das Schweinefleisch hinzu.
4. Decken Sie den Deckel ab und stellen Sie den Slow Cooker auf LOW.
5. Etwa 7 Stunden kochen und heiß servieren.

ERNÄHRUNG: Kalorien: 312 Kohlenhydrate: 4,9g Fette: 23,1g Proteine: 19,6g Natrium: 97mg Zucker: 2,3g

Rindersteak mit Knoblauch-Creme

Zubereitungszeit: 45 Min.

Kochzeit: 15 Minuten

Portionieren: 6

ZUTATEN

- 4 Knoblauchzehen, gehackt
- ½ Tasse Butter
- 2 Pfund Rinderfiletsteaks (Top Sirloin)
- 1½ Tasse Sahne
- Salz und frisch gemahlener schwarzer Pfeffer, nach Geschmack

ANWEISUNG

1. Reiben Sie die Rinderlendensteaks mit Knoblauch, Salz und schwarzem Pfeffer ein.
2. Das Rindfleisch mit Sahne und Butter marinieren und beiseite stellen.
3. Heizen Sie den Grill vor und legen Sie die Steaks darauf.
4. Auf jeder Seite ca. 15 Minuten grillen und heiß servieren.

ERNÄHRUNG: Kalorien: 353 Kohlenhydrate: 3,9g Fette: 24,1g Proteine: 31,8g Natrium: 298mg Zucker: 1,2g

Ketogenes Rinderlendensteak

Zubereitungszeit: 35 Min.

Kochzeit: 2 Minuten

Portionieren: 3

ZUTATEN

- ½ Teelöffel Knoblauchpulver
- 3 Esslöffel Butter
- 1 Pfund Rinderfiletsteaks (top sirloin)
- 1 Knoblauchzehe, gehackt
- Salz und frisch gemahlener schwarzer Pfeffer, nach Geschmack

ANWEISUNG

1. Geben Sie Butter und Rinderlendensteaks in eine große Grillpfanne.
2. Braten Sie die Steaks ca. 2 Minuten auf jeder Seite, um sie zu bräunen.
3. Knoblauchzehe, Knoblauchpulver, Salz und schwarzen Pfeffer zugeben und bei mittlerer Hitze ca. 15 Minuten auf jeder Seite braten.
4. Geben Sie die Steaks auf eine Servierplatte und servieren Sie sie heiß.

ERNÄHRUNG: Kalorien: 246 Kohlenhydrate: 2g Fette: 13,1g Proteine: 31,3g Natrium: 224mg Zucker: 0,1g

GEMÜSE

Ziegenkäse in der Walnusskruste mit Thymian

Zubereitungszeit: 10 Minuten

Kochzeit: 0 Minuten

Portionieren: 4

ZUTATEN:

- 6 Unzen (170 g) Walnüsse, gehackt
- 8 Unzen (227 g) Ziegenkäse
- 1 Teelöffel frischer Thymian, gehackt
- 1 Esslöffel Petersilie, gehackt
- 1 Esslöffel Oregano, gehackt

- AUS DEM SCHRANK:
- ¼ Teelöffel schwarzer Pfeffer

RICHTUNG:

1. Verarbeiten Sie die Walnüsse, den Thymian, die Petersilie, den Oregano und den Pfeffer in einer Küchenmaschine, bis sie gründlich zerkleinert sind.

2. Übertragen Sie die Walnussmischung auf einen Teller und rollen Sie den Ziegenkäse in der Nussmischung, drücken Sie dabei, damit der Käse vollständig bedeckt ist.

3. Decken Sie den Käse mit Plastikfolie ab und stellen Sie ihn für mindestens 1 Stunde in den Kühlschrank.

4. Aus dem Kühlschrank nehmen und zum Servieren in Scheiben schneiden.

TIPP: Der Snack kann einen Tag im Voraus zubereitet werden; die Aromen werden mit der Zeit nur noch besser.

ERNÄHRUNG: Pro Portion Kalorien: 311 Fett: 28,2g Eiweiß: 12,5g Netto-Kohlenhydrate: 1,9g

Käsestangen im Speckmantel

Zubereitungszeit: 10 Minuten

Kochzeit: 10 Minuten

Portionieren: 4

ZUTATEN:

- 4 Mozzarella-Stringkäse-Stücke, halbiert
- 8 Speckstreifen
- AUS DEM SCHRANK:
- Olivenöl, je nach Bedarf
- SONDERAUSSTATTUNG:
- 8 Zahnstocher, mindestens 30 Minuten eingeweicht

RICHTUNG:

1. Erhitzen Sie 3 bis 4 Minuten lang 2 Zoll Olivenöl in einer großen Pfanne bei mittlerer bis hoher Hitze.

2. Wickeln Sie in der Zwischenzeit einen Speckstreifen um jedes Käsestück und sichern Sie ihn mit einem Zahnstocher.

3. Legen Sie die in Speck eingewickelten Käsestangen mit einer Zange vorsichtig in die Pfanne. Braten Sie sie etwa 2 Minuten pro Seite, bis sie knusprig sind, und wenden Sie sie dabei gelegentlich.

4. Auf einen mit Papiertüchern ausgelegten Teller geben, um überschüssiges Fett abtropfen zu lassen. Vor dem Servieren ca. 5 Minuten abkühlen lassen.

TIPP: Die Temperatur des Olivenöls sollte etwa 350°F (180°C) betragen, damit der Mozzarella-Käse nicht schmilzt.

ERNÄHRUNG: Pro Portion Kalorien: 275 Fett: 14,9 g Eiweiß: 32,2 g Kohlenhydrate: 3,1 g

Räucherlachs-Roll-Ups mit Rucola

Zubereitungszeit: 15 Minuten

Kochzeit: 0 Minuten

Portionieren: 4

ZUTATEN:

- 12 Scheiben (½ Pfund / 227 g) Räucherlachs
- ¾ Tasse Rucola
- ¼ Tasse normaler griechischer Joghurt
- ½ Tasse Frischkäse
- 2 Teelöffel frischer Dill, gehackt
- AUS DEM SCHRANK:

- Olivenöl, zum Garnieren

RICHTUNG:

1. Kombinieren Sie den Joghurt, den Frischkäse und den Dill in einer kleinen Schüssel. Rühren Sie gut um, bis die Masse glatt ist.

2. Bereiten Sie die Roll-Ups vor: Verteilen Sie die Mischung gleichmäßig auf jeder Lachsscheibe und verteilen Sie sie überall. Etwas Rucola an einem Ende jeder Lachsscheibe anordnen und aufrollen.

3. Verteilen Sie die Roll-ups auf vier Servierplatten. Einen Schuss Olivenöl zum Garnieren darüber träufeln und servieren.

TIPP: Sie können jedes Röllchen mit einem Zahnstocher sichern, damit es sich beim Kochen nicht aufrollt.

ERNÄHRUNG: Pro Portion Kalorien: 244 Fett: 20,4 g Protein: 13 g Kohlenhydrate: 2,1 g Ballaststoffe: 0 g Natrium: 539 mg

Gegrillte Grünkohlblätter

Zubereitungszeit: 10 Minuten

Kochzeit: 5 Minuten

Portionieren: 4

ZUTATEN:

- ½ Teelöffel Knoblauchpulver
- 2 Teelöffel frisch gepresster Zitronensaft
- 7 Tassen große Grünkohlblätter, gründlich gewaschen und trocken getupft
- AUS DEM SCHRANK:

- ½ Tasse Olivenöl, plus mehr zum Einfetten der Grillroste
- Meersalz, nach Geschmack
- Frisch gemahlener schwarzer Pfeffer, zum Abschmecken

RICHTUNG:

1. Heizen Sie den Grill auf mittelhohe Hitze vor und fetten Sie die Grillroste leicht mit dem Olivenöl ein.

2. Bereiten Sie das Dressing zu: Kombinieren Sie das Knoblauchpulver, den Zitronensaft und das Olivenöl in einer Schüssel und verquirlen Sie es, bis die Mischung eingedickt ist.

3. Geben Sie die Grünkohlblätter in die Schüssel, und massieren Sie das Dressing mit den Händen in die Blätter ein. Bestreuen Sie die Blätter leicht mit Salz und Pfeffer.

4. Grillen Sie die Grünkohlblätter auf dem vorgeheizten Grill ca. 2 Minuten. Drehen Sie die Blätter um und grillen Sie sie weitere 1 Minute, bis sie knusprig sind.

5. Vom Herd nehmen, auf einen Teller geben und heiß servieren.

TIPP: Sie können neben dem Knoblauchpulver auch andere Gewürze und Kräuter Ihrer Wahl für einen einzigartigen Geschmack verwenden.

ERNÄHRUNG: Pro Portion Kalorien: 291Fett: 28,3g Eiweiß: 3,2g Netto-Kohlenhydrate: 5,9g Ballaststoffe: 3g Natrium: 38mg

---

Cremiger Kokosnuss-Spinat

Zubereitungszeit: 10 Minuten

Kochzeit: 20 Minuten

Portionieren: 4

ZUTATEN:

- ¼ Tasse Kokosnusscreme
- 4 Tassen grob gehackter Spinat, gründlich gewaschen
- ¼ Zwiebel, in dünne Scheiben geschnitten
- ½ Tasse Gemüsebrühe
- 1/8 Teelöffel gemahlene Muskatnuss

- AUS DEM SCHRANK:
- 1 Esslöffel Butter
- Prise Meersalz
- Prise frisch gemahlener schwarzer Pfeffer

RICHTUNG:

1. Schmelzen Sie die Butter in einer Bratpfanne bei mittlerer Hitze. Geben Sie die Zwiebeln hinein und braten Sie sie 2 Minuten lang, bis sie glasig sind.

2. Fügen Sie die Kokosnusscreme, Gemüsebrühe, Spinat, Muskatnuss, Salz und Pfeffer hinzu. Etwa 15 Minuten unter gelegentlichem Rühren kochen, bis die Sauce eingedickt und der Spinat weich ist.

3. Füllen Sie den Kokosnuss-Rahmspinat in Servierschalen um und servieren Sie ihn warm.

TIPP: Das Kokosnussöl kann in diesem Rezept die Butter ersetzen.

ERNÄHRUNG: Kalorien: 87 Fett: 8,3g Protein: 1g Netto-Kohlenhydrate: 2,1g Ballaststoffe: 1g Natrium: 60mg

Einfacher Queso-Dip

Zubereitungszeit: 5 Minuten

Kochzeit: 10 Minuten

Portionieren: 6

ZUTATEN:

- 1 Teelöffel Knoblauch, gehackt
- ½ Tasse Kokosnussmilch
- ½ Jalapeño-Pfeffer, entkernt und gewürfelt
- 2 Unzen (57 g) Ziegenkäse, geraspelt
- 6 Unzen (170 g) scharfer Cheddar-Käse, zerkleinert

RICHTUNG:

1. Geben Sie den Knoblauch bei mittlerer Hitze in einen Topf und gießen Sie dann langsam die Kokosmilch und den Jalapeño-Pfeffer hinein. Lassen Sie die Flüssigkeit etwa 3 Minuten lang köcheln.

2. Fügen Sie den Ziegenkäse hinzu und rühren Sie weiter, bis die Mischung vollständig verbunden und glatt ist.

3. Fügen Sie den Cheddar-Käse unter ständigem Rühren hinzu, oder bis die Mischung eingedickt ist und sprudelt, etwa 1 bis 2 Minuten.

4. Vom Herd nehmen, in eine Servierschüssel geben und warm servieren.

TIPP: Um diesem Dip mehr Geschmack zu verleihen, garnieren Sie ihn mit einer Prise mehr Cayennepfeffer.

ERNÄHRUNG: Pro Portion Kalorien: 218 Fett: 18,9 g Eiweiß: 10 g Kohlenhydrate: 2,1 g Ballaststoffe: 0 g

Keto Zucchini-Haschee

Zubereitungszeit: 10 Minuten

Kochzeit: 20 Minuten

Portion: 1

ZUTATEN:

- 1 mittelgroße Zucchini, gewürfelt
- 2 Scheiben Speck
- ½ kleine Zwiebel, gehackt
- 1 Ei
- 1 Esslöffel gehackte Petersilie, zum Garnieren
- AUS DEM SCHRANK:

- 1 Esslöffel Olivenöl
- ¼ Teelöffel Salz

RICHTUNG:

1. Geben Sie die Speckscheiben in eine Pfanne bei mittlerer Hitze. Etwa 5 Minuten braten, dabei gelegentlich wenden, oder bis sie knusprig sind. In eine Schüssel geben und beiseite stellen.

2. Erhitzen Sie das Olivenöl und braten Sie die Zwiebel 3 Minuten lang an, unter gelegentlichem Rühren, oder bis die Zwiebel glasig ist.

3. Die Zucchini hineinwerfen und 10 Minuten lang anbraten, bis die Zucchini vollkommen zart ist. Mit Salz abschmecken, dann auf einen Teller geben und beiseite stellen.

4. Das Ei in die Pfanne geben und ca. 1 bis 2 Minuten braten, bis es fest ist, dabei einmal wenden.

5. Verteilen Sie die Speckscheiben und das Spiegelei oben auf den Zucchini. Streuen Sie die Petersilie zum Garnieren darüber und servieren Sie.

TIPP: Sie können jedes Ihrer Lieblingsgemüse ausprobieren, wie Blumenkohl, Grünkohl und Rosenkohl.

ERNÄHRUNG: Pro Portion Kalorien: 415 Fett: 35,6 g Eiweiß: 17,4 g Kohlenhydrate: 6,5 g

Speck-Caprese-Salat

Zubereitungszeit: 10 Minuten

Kochzeit: 10 Minuten

Portion: 2

ZUTATEN:

- 1 große Tomate, in Scheiben geschnitten
- 4 Basilikumblätter
- 8 Mozzarella-Käsescheiben
- 3 Unzen (85 g) Speck, gehackt

- AUS DEM SCHRANK:
- 2 Teelöffel Olivenöl
- Meersalz, nach Geschmack
- 1 Teelöffel Balsamico-Essig

RICHTUNG:

1. Geben Sie den gehackten Speck in einen Topf bei mittlerer Hitze. Etwa 5 Minuten kochen, bis er knusprig ist, dabei gelegentlich umrühren.

2. Vom Herd nehmen, auf einen Teller geben und beiseite stellen.

3. Bereiten Sie den Salat zu: Verteilen Sie die Tomatenscheiben gleichmäßig auf zwei Servierplatten. Geben Sie die Mozzarella-Käsescheiben darüber und bestreuen Sie sie mit Basilikumblättern, gefolgt von den Speckscheiben.

4. Beträufeln Sie den Salat mit Olivenöl und Balsamico-Essig. Vor dem Servieren leicht mit Meersalz würzen.

TIPP: In einem verschlossenen, luftdichten Behälter im Kühlschrank 4 bis 5 Tage aufbewahren.

ERNÄHRUNG: Pro Portion Kalorien: 326 Fett: 26,3g Eiweiß: 21g Netto-Kohlenhydrate: 1,4g

Gebräunte Jakobsmuscheln mit Zitronenbutter

Zubereitungszeit: 5 Minuten

Kochzeit: 10 Minuten

Portionieren: 4

ZUTATEN:

- 8 Jakobsmuscheln
- 1 Teelöffel Zitronensaft

- 2 Knoblauchzehen
- 2 Esslöffel frische Petersilie, gehackt
- AUS DEM SCHRANK:
- 1 Esslöffel Olivenöl
- 4¼ Unzen (120 g) Butter, bei Raumtemperatur
- 1 Teelöffel Meersalz
- ¼ Teelöffel gemahlener schwarzer Pfeffer

RICHTUNG:

1. Vermengen Sie in einer Schüssel die Butter, die Knoblauchzehen, die Petersilie, den Zitronensaft, das Salz und den Pfeffer. Gut umrühren und beiseite stellen.

2. Heizen Sie den Ofen auf 450°F (235°C) vor.

3. Erhitzen Sie das Olivenöl in einer Pfanne bei mittlerer Hitze, bis es heiß ist, und braten Sie die Jakobsmuscheln etwa 30 Sekunden lang an. Wenden Sie die Jakobsmuscheln mit einer Zange und braten Sie sie weitere 30 Sekunden, bis sie auf beiden Seiten leicht gebräunt sind.

4. Vom Herd nehmen und auf vier Servierplatten verteilen. Mit einem großzügigen Nieselregen der Buttermischung bedecken.

5. Im vorgeheizten Backofen ca. 5 Minuten backen, oder bis die Butter anfängt zu blubbern und zu schäumen.

6. Aus dem Ofen nehmen und warm servieren.

TIPP: Stellen Sie sicher, dass Sie die Jakobsmuscheln vor dem Backen mit Papiertüchern abtrocknen.

ERNÄHRUNG: Pro Portion Kalorien: 271 Fett: 25,3 g Eiweiß: 7,9 g Kohlenhydrate: 3,1 g Ballaststoffe: 0 g

Gefüllte Portobello-Pilze

Zubereitungszeit: 10 Minuten

Kochzeit: 20 Minuten

Portion: 2

ZUTATEN:

- 4 Portobello-Pilze, Stiele entfernt
- 1 Tasse Blauschimmelkäse, zerkrümelt
- 2 Tassen Kopfsalat
- AUS DEM SCHRANK:
- 2 Esslöffel Olivenöl

RICHTUNG:

1. Heizen Sie den Ofen auf 180 °C (350 °F) vor. Legen Sie ein Backblech mit Pergamentpapier aus und stellen Sie es beiseite.

2. Schwenken Sie den Salat in einer Schüssel in dem Olivenöl. Beiseite stellen.

3. Füllen Sie mit einem Löffel jede Pilzkappe mit einer beträchtlichen Menge des zerbröckelten Blauschimmelkäses.

4. Ordnen Sie die gefüllten Champignons auf dem Backblech an. Im vorgeheizten Ofen etwa 20 Minuten backen, oder bis der Käse geschmolzen ist.

5. Vom Herd nehmen und 5 Minuten abkühlen lassen. Servieren Sie die Champignons mit dem Salat an der Seite.

TIPP: Für die Pilzfüllung kann jedes Low-Carb-Gemüse verwendet werden, und Sie können den Mozzarella-Käse darüber streuen.

ERNÄHRUNG: Kalorien: 341 Fett: 29,3 Eiweiß: 14,2g Netto-Kohlenhydrate: 5,3g

Brokkoli und Blumenkohl Auflauf

Zubereitungszeit: 15 Minuten

Kochzeit: 6 Stunden

Portionieren: 6

ZUTATEN:

- 1 Pfund Brokkoli, in Röschen geschnitten
- 1 Pfund Blumenkohl, in Röschen geschnitten
- 2 Tassen Kokosnussmilch
- ¼ Tasse Mandelmehl
- 1½ Tassen geschredderter Gouda-Käse, geteilt
- AUS DEM SCHRANK:

- 1 Esslöffel kaltgepresstes Olivenöl
- Prise frisch gemahlener schwarzer Pfeffer

RICHTUNG:

1. Fetten Sie den Boden des Slow Cooker-Einsatzes mit 1 Esslöffel Olivenöl ein.
2. Geben Sie den Blumenkohl und den Brokkoli in den langsamen Kocher. Beiseite stellen.
3. Kombinieren Sie die Kokosmilch, das Mandelmehl, 1 Tasse Goudakäse und den Pfeffer in einer Schüssel und verquirlen Sie sie, bis sie sich verbunden haben.
4. Gießen Sie die Mischung über den Blumenkohl und den Brokkoli und streuen Sie dann den restlichen Käse darüber.
5. Kochen Sie zugedeckt auf NIEDRIG für ca. 6 Stunden, bis das Gemüse weich ist.
6. Lassen Sie es etwa 8 Minuten abkühlen und servieren Sie es dann.

TIPP: Das Kokosmehl kann durch das Mandelmehl ersetzt werden, verwenden Sie einfach 1 Esslöffel Kokosmehl im Rezept.

ERNÄHRUNG: Kalorien: 376 Fett: 32,3g Eiweiß: 16,1g Netto-Kohlenhydrate: 6,1Fasern: 6g Cholesterin: 32mg

Leichtes Sommergemüse-Medley

Zubereitungszeit: 15 Minuten

Kochzeit: 6 Stunden

Portionieren: 6

ZUTATEN:

- 2 Zucchinis, in 1-Zoll-Stücke gewürfelt
- 2 Tassen Blumenkohlröschen
- 1 Tasse Champignons, halbiert

- 1 Teelöffel getrockneter Thymian
- 1 gelbe Paprika, in Streifen geschnitten
- AUS DEM SCHRANK:
- ½ Tasse extra-natives Olivenöl
- ¼ Tasse Balsamico-Essig
- ¼ Teelöffel Salz

RICHTUNG:

1. Verrühren Sie das Olivenöl, den Essig, das Salz und den Thymian in einer großen Schüssel, bis alles gut vermischt ist.

2. Heben Sie die Zucchini, den Blumenkohl, die Champignons und die Paprikastreifen unter und schwenken Sie sie, bis das Gemüse gut bedeckt ist.

3. Geben Sie das Gemüse in den langsamen Kocher und kochen Sie es zugedeckt auf NIEDRIG für ca. 6 Stunden, oder bis das Gemüse zart ist.

4. 5 Minuten stehen lassen und warm auf einem Teller servieren.

TIPP: Der Balsamico-Essig kann durch kohlenhydratarme Essige, wie Apfelessig oder Rotweinessig, ersetzt werden.

ERNÄHRUNG: Kalorien: 186 | Fett: 18,3g | Eiweiß: 1,2g | Netto-Kohlenhydrate: 4,1g |Ballaststoffe: 1g | Cholesterin: 0mg

Pizza Margherita mit Pilzen

Zubereitungszeit: 15 Minuten

Kochzeit: 15 Minuten

Portionieren: 6

ZUTATEN:

- 6 große Portobello-Pilze, Stiele entfernt
- 1 Teelöffel Knoblauch, gehackt
- 1 Tasse zuckerfreie Tomatensauce
- 2 Tassen Mozzarella-Käse, zerkleinert
- 2 Esslöffel gehacktes frisches Basilikum, zum Garnieren
- AUS DEM SCHRANK:

- ½ Tasse extra-natives Olivenöl

RICHTUNG:

1. Heizen Sie den Ofen auf 180 °C (350 °F) vor und legen Sie ein Backblech mit Alufolie aus. Beiseite stellen.

2. Kombinieren Sie die Champignons, den Knoblauch und das Olivenöl in einer mittelgroßen Schüssel. Schwenken Sie sie gut, bis die Pilze vollständig bedeckt sind.

3. Legen Sie die Pilze (mit der Kiemenseite nach unten) auf das Backblech. Im vorgeheizten Ofen etwa 12 Minuten braten, dabei einmal wenden, oder bis die Pilze fest, aber zart sind.

4. Aus dem Ofen nehmen und die Tomatensoße über die Pilzköpfe gießen. Streuen Sie den Mozzarella-Käse darüber.

5. Bringen Sie das Backblech wieder in den Ofen und rösten Sie es weitere 1 bis 2 Minuten, oder bis der Käse schmilzt.

6. Aus dem Ofen nehmen und mit dem gehackten Basilikum garnieren.

TIPP: Um eine gute Dosis Fett und Geschmack hinzuzufügen, können Sie statt des Mozzarella-Käses auch gehackte italienische Wurst oder Prosciutto über die Pilze streuen.

ERNÄHRUNG: Kalorien: 317 Fett: 25,3g Protein: 16,2g Netto-Kohlenhydrate: 6,1g Ballaststoffe: 3g

SUPPEN UND EINTÖPFE

Brokkoli-Huhn-Eintopf

Zubereitungszeit: 5 Minuten

Kochzeit: 10 Minuten

Portionen: 5

ZUTATEN

- 1 Tasse gehackter Blumenkohl
- 1 Zwiebel, fein gewürfelt
- 1 Tomate, gewürfelt

- 1 ganzes Huhn, in mundgerechte Stücke geschnitten
- 10 oz. Brokkoli, gehackt
- 3 Esslöffel Olivenöl
- 4 Tassen Hühnerbrühe
- 2 Teelöffel Salz
- 1 Esslöffel Cayennepfeffer
- ½ Teelöffel schwarzer Pfeffer

RICHTUNG:

1. Würzen Sie das Huhn mit Salz und stellen Sie es beiseite.
2. Drücken Sie Sauté und geben Sie Öl in die IP.
3. Zwiebel hinzufügen. 3 bis 4 Minuten unter Rühren braten.
4. Die Tomate hinzufügen und weitere 5 Minuten unter Rühren braten.
5. Fügen Sie die anderen Zutaten hinzu; rühren Sie vorsichtig, um sie gut zu vermischen.
6. Decken Sie mit dem Deckel ab und drücken Sie Manuell. Kochen Sie 30 Minuten lang auf hoher Stufe.
7. Wenn gekocht, machen Sie NPR.
8. Öffnen Sie den Deckel und servieren Sie.

ERNÄHRUNG: Kalorien: 523 Fett: 17 g Kohlenhydrate: 9 g Eiweiß: 53 g

Cheddar-Huhn-Suppe

Zubereitungszeit: 5 Minuten

Kochzeit: 15 Minuten

Portionieren: 4

ZUTATEN

- ¼ Tasse gehackte gelbe Zwiebel
- 1, gehackte Knoblauchzehe
- ¼ Tasse Low Carb Hot Sauce
- 2 (je 6 Unzen) entbeinte, hautlose Hähnchenschenkel
- ½ Tasse gehackter Staudensellerie
- 2 Esslöffel Butter

- 3 Tassen Hühnerbrühe
- 2 Tassen geschredderter Cheddar-Käse
- 1 Becher Schlagsahne

RICHTUNG

1. Geben Sie bis auf den Käse und die Sahne die restlichen Zutaten in einen Instant Pot (IP) und rühren Sie sie vorsichtig um.
2. Schließen Sie und drücken Sie Manuell. Garen Sie 15 Minuten lang auf hoher Stufe.
3. Führen Sie nach dem Garen einen natürlichen Druckablass (NPR) durch.
4. Öffnen Sie den Deckel, nehmen Sie das gekochte Fleisch heraus und zerkleinern Sie es.
5. Geben Sie das zerkleinerte Fleisch zurück in den Topf.
6. Mischen Sie die Sahne und den Käse ein. Rühren Sie die Masse gut durch.
7. Genießen Sie.

ERNÄHRUNG: Kalorien: 513 Fett: 31 g Kohlenhydrate: 4 g Eiweiß: 39 g

Klassischer Hühner-Tomaten-Eintopf

Zubereitungszeit: 5 Minuten

Kochzeit: 20 Minuten

Portionen: 5 bis 6

ZUTATEN

- 1 Tasse gehackte gelbe Zwiebel
- 1 Tasse gehackte rote Paprika
- 3 Pfund, gehackte Hähnchenschenkel ohne Knochen und ohne Haut
- 2 Tassen, gehackte Tomate
- 2 Esslöffel Olivenöl
- 2 Esslöffel Salbei

- 2 Esslöffel Thymian
- schwarzer Pfeffer und Salz nach Geschmack

RICHTUNG:

1. Drücken Sie Sauté und geben Sie Öl in die IP.
2. Fügen Sie die Zwiebeln hinzu und braten Sie sie 5 Minuten lang unter Rühren.
3. Fügen Sie die anderen Zutaten hinzu und mischen Sie sie.
4. Drücken Sie Meat/Stew und kochen Sie 20 Minuten lang auf hoher Stufe.
5. Machen Sie NPR und öffnen Sie den Deckel.
6. Nehmen Sie das Fleisch heraus und zerkleinern Sie es.
7. Geben Sie das zerkleinerte Fleisch wieder in den Topf und mischen Sie es gut durch.
8. Servieren.

ERNÄHRUNG: Kalorien: 263 Fett: 11 g Kohlenhydrate: 7 g Eiweiß: 38 g

Kokosnuss-Hühner-Suppe

Zubereitungszeit: 5 Minuten

Kochzeit: 18 Minuten

Portionieren: 4

ZUTATEN

- 4 Gewürznelken, gehackter Knoblauch
- 1 Pfund, Hühnerbrüste mit Haut
- 4 Tassen Wasser
- 2 Esslöffel Olivenöl
- 1, gewürfelte Zwiebel
- 1 Tasse Kokosnussmilch
- schwarzer Pfeffer und Salz nach Geschmack

- 2 Esslöffel Sesamöl

RICHTUNG

1. Drücken Sie Sauté auf Ihrer IP, geben Sie Öl hinzu und erhitzen Sie es.

2. Fügen Sie die Zwiebeln und den Knoblauch hinzu und braten Sie sie unter Rühren an, bis sie glasig und weich werden.

3. Rühren Sie die Hühnerbrüste ein und braten Sie sie unter Rühren 2 Minuten lang.

4. Gießen Sie Kokosmilch und Wasser hinzu. Nach Geschmack würzen.

5. Schließen Sie den Deckel und drücken Sie Manuell. Garen Sie 15 Minuten auf hoher Stufe.

6. Führen Sie nach Beendigung des Garvorgangs eine NPR durch.

7. Öffnen Sie den Deckel und beträufeln Sie ihn mit Sesamöl.

8. Servieren.

ERNÄHRUNG: Kalorien: 328 Fett: 31 g Kohlenhydrate: 6 g Eiweiß: 21 g

Blumenkohl-Truthahn-Eintopf

Zubereitungszeit: 5 Minuten

Kochzeit: 30 Minuten

Portionen: 6

ZUTATEN

- 16 oz. gehackter Blumenkohl

- 2, gehackte weiße Zwiebeln

- 1½ lb., fein gemahlener Truthahn

- 20 oz. Hühnerbrühe

- 2 Esslöffel italienische Kräuter

- 2 Esslöffel Paprika
- 2 Esslöffel Öl

RICHTUNG:

1. Geben Sie alle Zutaten in die IP und mischen Sie sie gut.
2. Schließen Sie den Deckel und drücken Sie Eintopf. Garen Sie 30 Minuten auf hoher Stufe.
3. Machen Sie NPR, wenn Sie fertig sind.
4. Öffnen Sie den Deckel und servieren Sie.

ERNÄHRUNG: Kalorien: 236 Fett: 16 g Kohlenhydrate: 6 g Eiweiß: 34 g

Huhn-Speck-Suppe

Zubereitungszeit: 5 Minuten

Kochzeit: 40 Minuten

Portionen: 6

ZUTATEN

- 6, gewürfelte Hähnchenschenkel ohne Knochen und Haut
- ½ Tasse gehackter Staudensellerie
- 4 Zehen gehackter Knoblauch
- 6 oz. geschnittene Champignons
- ½ Tasse gehackte Zwiebel
- 8 oz. erweichter Frischkäse
- ¼ Tasse weiche Butter
- 1 Teelöffel getrockneter Thymian
- Salz und schwarzer Pfeffer nach Geschmack

- 2 Tassen gehackter Spinat
- 8 oz., gehackte gekochte Speckscheiben
- 3 Tassen Hühnerbrühe
- 1 Becher Schlagsahne

RICHTUNG:

1. Geben Sie alle Zutaten, außer der Sahne, dem Spinat und dem Speck, in die IP und mischen Sie sie gut.
2. Abdecken und Suppe drücken. Kochen Sie 30 Minuten lang auf hoher Stufe.
3. Machen Sie NPR und öffnen Sie den Deckel.
4. Sahne und Spinat einrühren.
5. In Schalen servieren und mit Speck belegen.

ERNÄHRUNG: Kalorien: 456 Fett: 38 g Kohlenhydrate: 6 g Eiweiß: 23 g

Zoodle-Suppe

Zubereitungszeit: 10 Minuten

Kochzeit: 25 Minuten

Portionen: 2

ZUTATEN

- 2 Tassen Hühnerbrühe
- ½ Teelöffel Salz
- ½ Teelöffel Chiliflocken
- 1 Teelöffel getrockneter Oregano
- 1 Teelöffel Butter
- 8 oz Hähnchenfilets
- 1 Zucchini, spiralisiert

RICHTUNG:

1. Schmelzen Sie die Butter im Sauté-Modus.
2. Fügen Sie dann die Hähnchenfilets hinzu.
3. Bestreuen Sie sie mit Chiliflocken, getrocknetem Oregano und Salz.
4. Garen Sie das Hähnchen 3 Minuten lang.
5. Dann Hühnerbrühe hinzufügen und den Deckel schließen.
6. Kochen Sie die Suppe im manuellen Modus (Hochdruck) für 10 Minuten.
7. Wenn die Zeit abgelaufen ist, machen Sie eine schnelle Druckentlastung und öffnen Sie den Deckel.
8. Fügen Sie die spiralisierten Zucchini hinzu und rühren Sie die Suppe um. Lassen Sie sie 10 Minuten ruhen.

ERNÄHRUNG: Kalorien: 170 Fett: 4,1 Kohlenhydrate: 4,7 Eiweiß: 29,1

Mexikanische Chile-Limetten-Hühnersuppe

Zubereitungszeit: 5 Minuten

Kochzeit: 20 Minuten

Portionen: 5

ZUTATEN

- 2 Esslöffel Olivenöl
- 1 lb. in mundgerechte Stücke geschnittene, entbeinte, hautlose Hähnchenschenkel
- 1/2, gewürfelte mittlere gelbe Zwiebel

- 4, gehackte Knoblauchzehen
- 2, gehackte Jalapeño-Paprikaschoten
- 1/2 Tasse gewürfelte frische Tomate
- 5 Tassen Hühnerbrühe
- Saft von 2 Limetten
- 2 Teelöffel fein gemahlenes Meersalz
- 1 Teelöffel Chilipulver
- 1/2 Teelöffel Knoblauchpulver
- 1/4 Teelöffel gemahlener schwarzer Pfeffer
- 1 mittlere, gehackte Avocado
- 1/3 Tasse geschredderter Pepper-Jack-Käse
- 2 Esslöffel gehackter frischer Koriander

RICHTUNG:

1. Drücken Sie Sauté und geben Sie Olivenöl in die IP.
2. Geben Sie das Hähnchen in das heiße Öl und braten Sie es 3 Minuten pro Seite an.
3. Geben Sie die Jalapeños, den Knoblauch und die Zwiebeln in den Topf.
4. Unter Rühren braten, bis das Gemüse weich zu werden beginnt.
5. Fügen Sie die Hühnerbrühe, gewürfelte Tomaten, Limettensaft, Meersalz, Chilipulver, Knoblauchpulver und schwarzen Pfeffer hinzu. Umrühren, um zu kombinieren.
6. Decken Sie das Gerät ab und kochen Sie es 20 Minuten lang auf hoher Stufe.
7. Lassen Sie den Druck auf natürliche Weise ab.
8. In Servierschalen schöpfen.

9. Jede Portion mit gehacktem Koriander, Avocado und Pepper-Jack-Käse belegen.

10. Servieren.

ERNÄHRUNG: Kalorien: 285 Fett: 16 g Kohlenhydrate: 3 g Eiweiß: 25 g

Büffel-Huhn-Suppe

Zubereitungszeit 5 Minuten

Kochzeit: 15 Minuten

Portionen: 6

ZUTATEN

- ½ Tasse gewürfelte gelbe Zwiebel
- 1 Pfund Hähnchenschenkel ohne Knochen, gehackt (gekocht)
- 4 Tassen Hühnerbrühe
- 1 Esslöffel Olivenöl
- 6 Unzen Frischkäse, zerkleinert
- 3 Esslöffel scharfe Sauce

- ½ Tasse Schlagsahne

RICHTUNG:

1. Schalten Sie den Instant Pot auf die Einstellung Sauté und lassen Sie ihn aufheizen.

2. Fügen Sie das Öl hinzu, rühren Sie dann die Zwiebel ein und braten Sie sie 3 bis 4 Minuten lang.

3. Rühren Sie das Huhn, die Hühnerbrühe und die scharfe Soße ein.

4. Schließen und verriegeln Sie den Deckel, drücken Sie dann die Suppentaste und stellen Sie den Timer auf 5 Minuten ein.

5. Wenn der Timer abläuft, lassen Sie den Druck 5 Minuten lang entweichen und führen Sie dann eine Schnellabschaltung durch, indem Sie die Abbruchtaste drücken und das Dampfventil auf "Entlüften" schalten.

6. Wenn der Topf drucklos geworden ist, öffnen Sie den Deckel.

7. Löffeln Sie eine Tasse der Suppe in einen Mixer und fügen Sie den Frischkäse hinzu.

8. Mixen Sie die Mischung glatt und rühren Sie sie dann zurück in den Topf mit der schweren Sahne.

9. Glatt rühren und heiß servieren.

ERNÄHRUNG: Kalorien: 345 Fett: 28g Eiweiß: 19g Kohlenhydrate: 2,5g

Ruben-Suppe

Zubereitungszeit: 10 Minuten

Kochzeit: 35 Minuten

Portionen: 6

ZUTATEN

- 6 Tassen Hühnerbrühe
- ½ weiße Zwiebel, gewürfelt
- 1 Teelöffel Knoblauch, gewürfelt
- 1 Esslöffel Ghee
- 1 1/2 Pfund Corned Beef, zerkleinert
- 2 Tassen Sauerkraut
- ½ Teelöffel Fenchelsamen

- ½ Teelöffel getrockneter Thymian
- ½ Teelöffel Senfkörner
- ¼ Tasse Schlagsahne
- ½ Tasse Cheddar-Käse

RICHTUNG:

1. Geben Sie das Ghee in den Instant Pot und schmelzen Sie es im Sauté-Modus.
2. Dann die gewürfelte Zwiebel hinzufügen und 3-4 Minuten anbraten.
3. Fügen Sie dann gewürfelten Knoblauch, Fenchelsamen, getrockneten Thymian und Senfkörner hinzu.
4. Fügen Sie schwere Sahne hinzu und rühren Sie sie um.
5. Dann fügen Sie Corned Beef, Sauerkraut und Hühnerbrühe hinzu.
6. Schließen Sie den Deckel und kochen Sie die Suppe im manuellen Modus (Hochdruck) für 30 Minuten.
7. Machen Sie dann eine schnelle Druckentlastung und öffnen Sie den Deckel.
8. Cheddar-Käse hinzufügen und umrühren, bis der Käse geschmolzen ist.
9. Schöpfen Sie die heiße Suppe in die Servierschalen.

ERNÄHRUNG: Kalorien: 320 Fett: 22,8 Ballaststoffe: 1,7 Kohlenhydrate: 4,5 Eiweiß: 23,2

Huhn & Knödel Suppe

Zubereitungszeit: 10 Minuten

Kochzeit: 25 Minuten

Portionen: 4

ZUTATEN

- 4 Tassen Hühnerbrühe
- 4 Hähnchenflügel
- ½ Zwiebel, gewürfelt
- 1 Esslöffel getrockneter Dill
- ½ Teelöffel Salz
- ¼ Tasse Kokosnussmehl

- 2 Esslöffel Wasser
- 1 Teelöffel Ghee

RICHTUNG:

1. Vermengen Sie in der Rührschüssel Wasser und Kokosnussmehl. Kneten Sie den nicht klebenden Teig. Fügen Sie mehr Kokosnussmehl hinzu, wenn der Teig klebrig ist.
2. Machen Sie dann aus dem Teig einen Klotz und schneiden Sie ihn in Stücke.
3. Geben Sie danach das Ghee in den Instant Pot und heizen Sie ihn auf Sauté-Modus vor.
4. Wenn das Ghee geschmolzen ist, fügen Sie die gewürfelte Zwiebel hinzu und braten sie hellbraun.
5. Danach fügen Sie Hähnchenflügel, getrocknetes Öl und Salz hinzu.
6. Hühnerbrühe hinzufügen und den Deckel schließen.
7. Kochen Sie die Suppe im manuellen Modus (hoher Druck) 10 Minuten lang. Nehmen Sie dann einen schnellen Druckablass vor.
8. Öffnen Sie den Deckel und geben Sie vorbereitete Teigstücke (Knödel) hinzu. Sautieren Sie die Suppe für weitere 5 Minuten.

ERNÄHRUNG: Kalorien: 179 Fett: 9,5 Ballaststoffe: 3,5 Kohlenhydrate: 10,8 Eiweiß: 11,9

Kräuter-Oliven-Tomaten-Eintopf

Zubereitungszeit: 5 Minuten

Kochzeit: 20 Minuten

Portionen: 4

ZUTATEN

- 1 lb. gewürfelte Tomaten
- 1 Tasse Hühnerbrühe
- 1 Tasse entsteinte Kalamata-Oliven
- Eine Prise Salz und schwarzer Pfeffer
- 1 Esslöffel Olivenöl
- 1 Teelöffel getrockneter Thymian
- 1 Esslöffel gehackter Oregano

RICHTUNG

1. Drücken Sie "Sauté" am Instant Pot und geben Sie das Öl hinzu. Wenn es heiß ist, geben Sie die Tomaten hinein und kochen sie 2 Minuten lang.

2. Mischen Sie die Oliven, den Thymian, die Hühnerbrühe, das Salz und den Pfeffer ein und verschließen Sie den Deckel, um 15 Minuten bei hohem Druck zu kochen.

3. Den Druck schnell ablassen, den Oregano untermischen, in Schüsseln teilen und servieren.

ERNÄHRUNG: Kalorien: 96 Fett: 7,6 Kohlenhydrate: 6,8 Eiweiß: 1,6

Chili-Huhn mit Spargelsuppe

Zubereitungszeit: 7 Minuten

Kochzeit: 30 Minuten

Portionen: 4

ZUTATEN

- 5 Tassen Hühnerbrühe
- ¼ Tasse gehackte Petersilie
- 1 Stange Spargel; abgeschnitten und halbiert
- 2 Hähnchenbrüste; ohne Haut und ohne Knochen; in Würfel geschnitten
- 2 gehackte Frühlingszwiebeln
- Eine Prise Salz und schwarzer Pfeffer
- 1 Esslöffel Avocadoöl

- 1 Esslöffel süße Chilisauce

RICHTUNG:

1. Drücken Sie "Sauté" am Instant Pot und geben Sie das Öl hinzu. Wenn es heiß ist, mischen Sie die Chilisauce und die Frühlingszwiebeln hinein und kochen Sie sie 3 Minuten lang.

2. Fügen Sie das Hähnchen hinzu und braten Sie es 2 Minuten lang.

3. Mischen Sie die restlichen Zutaten ein, verschließen Sie dann den Deckel und kochen Sie 15 Minuten lang bei hohem Druck.

4. Natürlich 10 Minuten den Druck ablassen, in Schüsseln teilen und servieren.

ERNÄHRUNG: Kalorien: 108 Fett: 4,4 Kohlenhydrate: 3,1 Eiweiß: 1,1

Ingwer-Huhn-Pilz-Suppe

Zubereitungszeit: 5 Minuten

Kochzeit: 25 Minuten

Portionen: 4

ZUTATEN

- 1 Pfund Hähnchenbrust; ohne Haut und ohne Knochen; in Würfel geschnitten
- 1 gehackte Schalotte
- 1 Liter Hühnerbrühe
- 1 lb. geschnittene Champignons
- Eine Prise Salz und schwarzer Pfeffer
- 1 Esslöffel Olivenöl
- 2 Teelöffel gehackter Ingwer

RICHTUNG:

1. Drücken Sie "Sauté" am Instant Pot und geben Sie das Öl hinzu. Wenn es heiß ist, geben Sie die Pilze und die Schalotte hinein und braten Sie sie 4 Minuten lang.

2. Mischen Sie die restlichen Zutaten ein, verschließen Sie dann den Deckel und kochen Sie 15 Minuten lang bei hohem Druck.

3. Natürlich 10 Minuten den Druck ablassen, in Schüsseln teilen und servieren.

ERNÄHRUNG: Kalorien: 203 Fett: 7,4 Kohlenhydrate: 6,4 Eiweiß: 28,5

SNACKS

Parmesan-Käse-Streifen

Zubereitungszeit: 15 Minuten

Kochzeit: 30 Minuten

Portionen: 12

ZUTATEN:

- 1 Tasse Parmesankäse
- 1 Teelöffel getrocknetes Basilikum

RICHTLINIE:

1. Heizen Sie den Ofen auf 350 Fahrenheit auf.
2. Formen Sie kleine Häufchen des Parmesans auf dem Backblech. Drücken Sie sie flach und streuen Sie getrocknetes Basilikum auf den Käse. Innerhalb von 5 bis 7 Minuten backen. Servieren.

ERNÄHRUNG: Kalorien: 31 Fett: 2g Eiweiß: 2g Kohlenhydrate: 6.21g

Erdnussbutter-Power-Granola

Zubereitungszeit: 15 Minuten

Kochzeit: 40 Minuten

Portionen: 12

ZUTATEN:

- 1 Tasse Kokosraspeln
- 1 ½ Tassen Mandeln
- 1 ½ Tassen Pekannüsse
- 1/3 Tasse Swerve-Süßstoff
- 1/3 Tasse Vanille-Molkenproteinpulver
- 1/3 Tasse Erdnussbutter
- ¼ Tasse Sonnenblumenkerne
- ¼ Tasse Butter
- ¼ Tasse Wasser

RICHTLINIE:

1. Heizen Sie den Ofen auf 300 Fahrenheit auf.

2. Verarbeiten Sie die Mandeln und Pekannüsse in einer Küchenmaschine. Umfüllen und Sonnenblumenkerne, Kokosraspeln, Vanille, Süßstoff und Proteinpulver hinzufügen.

3. Lösen Sie die Erdnussbutter und die Butter in der Mikrowelle auf.

4. Mischen Sie die geschmolzene Butter in der Nussmischung. Geben Sie das Wasser hinzu, so dass eine klumpige Mischung entsteht.

5. Löffeln Sie den Teig aus und legen Sie ihn auf das Backblech. Innerhalb von 30 Minuten backen. Servieren!

ERNÄHRUNG: Kalorien: 338 Fett: 30g Kohlenhydrate: 5g Eiweiß: 9.6g Ballaststoffe: 5g

Hausgemachte Graham Crackers

Zubereitungszeit: 15 Minuten

Kochzeit: 1 Stunde 10 Minuten

Portionen: 10

ZUTATEN:

- 1 Ei
- 2 Tassen Mandelmehl
- 1/3 Tasse Swerve braun
- 2 Teelöffel Zimt
- 1 Teelöffel Backpulver
- 2 Esslöffel geschmolzene Butter
- 1 Teelöffel Vanilleextrakt
- Salz

RICHTLINIE:

1. Heizen Sie den Ofen auf 300 Fahrenheit auf.

2. Mischen Sie das Mandelmehl, den Zimt, den Süßstoff, das Backpulver und das Salz.

3. Geben Sie das Ei, die Melasse, die geschmolzene Butter und den Vanilleextrakt hinzu. Mischen Sie, bis ein Teig entsteht.

4. Rollen Sie den Teig gleichmäßig aus. Schneiden Sie den Teig in die Formen.

5. Backen Sie innerhalb von 20 bis 30 Minuten. Innerhalb von 30 Minuten abkühlen lassen und dann für weitere 30 Minuten, 200 Fahrenheit, zurück in den Ofen stellen. Servieren.

ERNÄHRUNG: Kalorien: 156 Fett: 13.35g Kohlenhydrate: 6,21g Eiweiß: 5,21g Ballaststoffe: 2,68g

Keto No-Bake Kekse

Zubereitungszeit: 15 Minuten

Kochzeit: 2 Minuten

Portionen: 18

ZUTATEN:

- 2/3 Tasse natürliche Erdnussbutter
- 1 Tasse Kokosnuss, ungesüßt
- 2 Esslöffel echte Butter
- 4 Tropfen Vanille Lakanto

RICHTLINIE:

1. Lösen Sie die Butter in der Mikrowelle auf. Herausnehmen und die Erdnussbutter hineingeben. Umrühren.

2. Fügen Sie den Süßstoff und die Kokosnuss hinzu. Mischen. Mit einem Löffel auf eine mit Pergamentpapier ausgelegte

Form geben. 10 Minuten einfrieren. Schneiden und servieren.

ERNÄHRUNG: Kalorien: 80 Fett: 0g Kohlenhydrate: 0g Eiweiß: 0g

Knusprige Nachos mit Schweizer Käse

Zubereitungszeit: 15 Minuten

Kochzeit: 20 Minuten

Portionen: 2

ZUTATEN:

- ½ Tasse Schweizer Käse
- ½ Tasse Cheddar-Käse
- 1/8 Tasse gekochter Speck

RICHTLINIE:

1. Heizen Sie den Ofen auf 300 Fahrenheit auf.
2. Verteilen Sie den Schweizer Käse auf dem Pergament. Mit Speck bestreuen und mit dem Käse belegen.
3. Innerhalb von 10 Minuten backen. Auskühlen lassen und in Dreiecksstreifen schneiden.
4. Grillen Sie innerhalb von 2 bis 3 Minuten. Servieren.

ERNÄHRUNG: Kalorien: 280 Fett: 21.8g Eiweiß: 18.6g Netto-Kohlenhydrate: 2.44g

Hausgemachte Thin Mints

Zubereitungszeit: 15 Minuten

Kochzeit: 60 Minuten

Portionen: 20

ZUTATEN:

- 1 Ei
- 1 3/4 Tassen Mandelmehl
- 1/3 Tasse Kakaopulver
- 1/3 Tasse Swerve-Süßstoff
- 2 Esslöffel Butter geschmolzen

- 1 Teelöffel Backpulver
- ½ Teelöffel Vanilleextrakt
- ¼ Teelöffel Salz
- 1 Esslöffel Kokosnussöl
- 7 oz zuckerfreie dunkle Schokolade
- 1 Teelöffel Pfefferminz-Extrakt

RICHTLINIE:

1. Heizen Sie den Ofen auf 300 Fahrenheit auf.
2. Mischen Sie das Kakaopulver, den Süßstoff, das Mandelmehl, das Salz und das Backpulver. Geben Sie dann das geschlagene Ei, den Vanilleextrakt und die Butter hinzu.
3. Kneten Sie den Teig und rollen Sie ihn auf dem Pergamentpapier aus. Schneiden Sie die Kekse aus. Backen Sie die Kekse innerhalb von 20 bis 30 Minuten.
4. Lösen Sie für den Überzug das Öl und die Schokolade auf. Rühren Sie den Pfefferminzextrakt ein.
5. Tauchen Sie den Keks in die Beschichtung, kühlen Sie ihn und servieren Sie ihn.

ERNÄHRUNG: Kalorien: 116g Fett: 10.41g Kohlenhydrate: 6.99g Eiweiß: 8g Cholesterin: 5mg

Mozzarella-Käse-Taschen

Zubereitungszeit: 15 Minuten

Kochzeit: 25 Minuten

Portionen: 8

ZUTATEN:

- 1 Ei
- 8 Mozzarella-Käse-Sticks
- 1 ¾ Tasse Mozzarella-Käse
- ¾ Tasse Mandelmehl
- 1 oz. Frischkäse
- ½ Tasse zerdrückte Schweineschwarten

RICHTLINIE:

1. Reiben Sie den Mozzarella-Käse.
2. Mischen Sie das Mandelmehl, den Mozzarella und den Frischkäse. Mikrowelle innerhalb von 30 Sekunden.
3. Geben Sie das Ei hinzu und mischen Sie es zu einem Teig.
4. Legen Sie den Teig zwischen zwei Wachspapiere und rollen Sie ihn in eine halbrechteckige Form.
5. Schneiden Sie sie in kleinere rechteckige Stücke und wickeln Sie sie um die Käsestangen.
6. Rollen Sie die Stange auf zerkleinerten Schweineschwarten.
7. Backen Sie es 20 bis 25 Minuten bei 400 Grad Fahrenheit. Servieren.

ERNÄHRUNG: Kalorien: 272 Fett: 22g Netto-Kohlenhydrate: 2,4g Eiweiß: 17g

No-Bake-Kokosnuss-Kekse

Zubereitungszeit: 15 Minuten

Kochzeit: 10 Minuten

Portionen: 8

ZUTATEN:

- 3 Tassen ungesüßte Kokosnussraspeln
- ½ Tasse Süßstoff
- 3/8 Tasse Kokosnussöl
- 3/8 Teelöffel Salz
- 2 Teelöffel Vanille
- Topping: Kokosraspeln

RICHTLINIE:

1. Verarbeiten Sie die gesamte Befestigung in einer Küchenmaschine. In Form bringen. Setzen Sie den Belag.
2. Abkühlen lassen und servieren.

ERNÄHRUNG: Kalorien: 329 Kohlenhydrate: 4,1g Eiweiß: 2,1g Fett: 30g

Käsige Blumenkohl-Brotstangen

Zubereitungszeit: 15 Minuten

Kochzeit: 45 Minuten

Portionen: 8

ZUTATEN:

- 4 Eier
- 4 Tassen Blumenkohl gewürfelt
- 2 Tassen Mozzarella-Käse
- 4 Zehen gehackter Knoblauch
- 3 Teelöffel Oregano
- Salz
- Pfeffer

RICHTLINIE:

1. Heizen Sie den Ofen auf 425 Fahrenheit auf.
2. Verarbeiten Sie Blumenkohl in einer Küchenmaschine. Innerhalb von 10 Minuten in die Mikrowelle geben. Abkühlen und abtropfen lassen; die Eier, Oregano, Knoblauch, Salz, Pfeffer und Mozzarella hinzufügen. Mischen.
3. Trennen Sie die Mischung in einzelne Stäbchen. Innerhalb von 25 Minuten backen. Herausnehmen und mit Mozzarella bestreuen. Innerhalb von 5 Minuten erneut backen. Servieren.

ERNÄHRUNG: Kalorien: 121 Kohlenhydrate: 4g Eiweiß: 13g Fett: 11g

Einfache Erdnussbuttertörtchen

Zubereitungszeit: 15 Minuten

Zubereitungszeit: 1 Stunde 35 Minuten

Portionen: 12

ZUTATEN:

- ½ Tasse Erdnussbutter
- ¼ Tasse Butter
- 3 oz. Kakaobutter
- 1/3 Tasse pulverisierter Swerve-Süßstoff
- ½ Teelöffel Vanilleextrakt
- 4 oz. zuckerfreie dunkle Schokolade

RICHTLINIE:

1. Lösen Sie die Erdnussbutter, die Butter und die Kakaobutter bei geringer Hitze auf.

2. Fügen Sie die Vanille und den Süßstoff hinzu. Geben Sie die Mischung in die Muffinförmchen. Kühlen. Geben Sie die Schokolade in eine Schüssel und dämpfen Sie sie.

3. Nehmen Sie den Muffin heraus und beträufeln Sie ihn mit der Schokolade. Innerhalb von 15 Minuten wieder abkühlen lassen. Servieren.

ERNÄHRUNG: Kalorien: 200 Fett: 19g Kohlenhydrate: 6g Eiweiß: 2.9g Ballaststoffe: 3.6g

Gebratene grüne Bohnen Rosmarin

Zubereitungszeit: 10 Minuten

Kochzeit: 5 Minuten

Portionen: 2

ZUTATEN:

- grüne Bohnen
- 3 Teelöffel gehackter Knoblauch
- 2 Esslöffel Rosmarin
- ½ Teelöffel Salz
- 1 Esslöffel Butter

RICHTLINIE:

1. Heizen Sie eine Luftfritteuse auf 390°F auf.
2. Die gehackten grünen Bohnen hineingeben und mit Butter bestreichen. Streuen Sie Salz, gehackten Knoblauch und Rosmarin darüber und kochen Sie sie innerhalb von 5 Minuten. Servieren.

ERNÄHRUNG: Kalorien: 72 Fett: 6,3g Eiweiß: 0,7g Kohlenhydrate: 4,5g

Knuspriges Brokkoli-Popcorn

Zubereitungszeit: 15 Minuten

Kochzeit: 10 Minuten

Portionen: 4

ZUTATEN:

- 2 c. Brokkoli-Röschen
- 2 c. Kokosnussmehl
- 4 Eigelb
- ½ Teelöffel Salz
- ½ Teelöffel Pfeffer
- ¼ c. Butter

RICHTLINIE:

1. Butter auflösen, dann abkühlen lassen. Die Eier darin aufschlagen.
2. Setzen Sie Kokosnussmehl in die Flüssigkeit, dann setzen Sie Salz und Pfeffer. Mischen.
3. Heizen Sie eine Heißluftfritteuse auf 400°F auf.
4. Tauchen Sie ein Brokkoliröschen in die Kokosnussmehlmischung und legen Sie es dann in die Fritteuse.
5. Kochen Sie die Brokkoliröschen 6 Minuten. Servieren.

ERNÄHRUNG: Kalorien: 202 Fett: 17,5 g Eiweiß: 5,1 g Kohlenhydrate: 7,8 g

Käsige Blumenkohl-Kroketten

Zubereitungszeit: 10 Minuten

Kochzeit: 16 Minuten

Portionen: 4

ZUTATEN:

- 2 c. Blumenkohlröschen
- 2 Teelöffel Knoblauch
- ½ c. Zwiebel
- ¾ Teelöffel Senf
- ½ Teelöffel Salz
- ½ Teelöffel Pfeffer
- 2 Esslöffel Butter
- ¾ c. Cheddar-Käse

RICHTLINIE:

1. Mikrowelle die Butter. Lassen Sie sie abkühlen.
2. Verarbeiten Sie die Blumenkohlröschen in einer Küchenmaschine. In eine Schüssel geben und dann die gehackte Zwiebel und den Käse hinzufügen.
3. Gehackten Knoblauch, Senf, Salz und Pfeffer hineingeben, dann geschmolzene Butter darüber gießen. Den Blumenkohlteig zu mittelgroßen Kugeln formen.
4. Eine Heißluftfritteuse auf 400°F vorheizen und innerhalb von 14 Minuten garen. Servieren.

ERNÄHRUNG: Kalorien: 160 Fett: 13g Eiweiß: 6,8g Kohlenhydrate: 5,1g

DESSERTS

Zuckerfreie Zitronenriegel

Zubereitungszeit: 15 Minuten

Kochzeit: 45 Minuten

Portionen: 8

ZUTATEN:

- ½ Tasse Butter, geschmolzen
- 1¾ Tasse Mandelmehl, geteilt
- 1 Tasse Erythrit-Pulver, geteilt
- 3 mittelgroße Zitronen
- 3 große Eier

RICHTLINIE:

1. Bereiten Sie das Pergamentpapier und das Backblech vor. Kombinieren Sie Butter, 1 Tasse Mandelmehl, ¼ Tasse Erythrit und Salz. Gut umrühren. Geben Sie die Mischung auf das Backblech, drücken Sie sie etwas an und schieben Sie sie in den Ofen (auf 350°F vorgeheizt). Etwa 20 Minuten backen. Dann beiseite stellen, um sie abkühlen zu lassen.

2. Schälen Sie 1 Zitrone und entsaften Sie alle Zitronen in einer Schüssel. Fügen Sie die Eier hinzu,

3. ¾ Tasse Erythrit, ¾ Tasse Mandelmehl und Salz. Zusammenrühren

4. um die Füllung herzustellen. Gießen Sie sie auf den Kuchen und kochen Sie sie für 25 Minuten. In kleine Stücke schneiden und mit Zitronenscheiben servieren.

ERNÄHRUNG: Kohlenhydrate: 4g Fett: 26g Eiweiß: 8g Kalorien: 272

Cremige heiße Schokolade

Zubereitungszeit: 5 Minuten

Kochzeit: 5 Minuten

Portionen: 4

ZUTATEN:

- 6 oz. dunkle Schokolade, gehackt
- ½ Tasse ungesüßte Mandelmilch
- ½ Tasse Schlagsahne
- 1 Esslöffel Erythritol
- ½ Teelöffel Vanilleextrakt

RICHTLINIE:

1. Kombinieren Sie die Mandelmilch, das Erythrit und die Sahne in einem kleinen Topf. Erhitzen Sie es (wählen Sie mittlere Hitze und kochen Sie es für 1-2 Minuten).
2. Vanilleextrakt und Schokolade hinzufügen. Kontinuierlich rühren, bis die Schokolade schmilzt.
3. In Tassen gießen und servieren.

ERNÄHRUNG: Kohlenhydrate: 4g Fett: 18g Eiweiß: 2g Kalorien: 193

Leckeres Kaffee-Eis

Zubereitungszeit: 10 Minuten

Kochzeit: 5 Minuten

Portionen: 1

ZUTATEN:

- 6 Unzen Kokosnusscreme, zu Eiswürfeln gefroren
- 1 reife Avocado, gewürfelt und gefroren
- ½ Tasse Kaffee Expresso
- 2 Esslöffel Süßstoff
- 1 Teelöffel Vanilleextrakt
- 1 Esslöffel Wasser
- Kaffeebohnen

RICHTLINIE:

1. Nehmen Sie die gefrorenen Kokosnusswürfel und die Avocado aus dem Kühlschrank. Schmelzen Sie sie 5-10 Minuten lang leicht an.

2. Fügen Sie den Süßstoff, den Kaffee-Expresso und den Vanilleextrakt zur Kokos-Avocado-Mischung hinzu und verquirlen Sie sie mit einem Stabmixer, bis sie cremig wird (etwa 1 Minute lang). Gießen Sie das Wasser hinzu und pürieren Sie 30 Sekunden lang.

3. Mit Kaffeebohnen bestreuen und genießen!

Ernährung: Kohlenhydrate: 20,5g Fett: 61g Eiweiß: 6,3g Kalorien: 596

Fettbomben mit Zimt und Kardamom

Zubereitungszeit: 10 Minuten

Zubereitungszeit: 35 Minuten

Portionen: 10

ZUTATEN:

- ½ Tasse ungesüßte Kokosnuss, geraspelt
- 3 oz ungesalzene Butter
- ¼ Teelöffel gemahlener grüner Zimt
- ¼ gemahlener Kardamom
- ½ Teelöffel Vanilleextrakt

RICHTLINIE:

1. Rösten Sie die ungesüßte Kokosnuss (wählen Sie mittlere bis hohe Hitze), bis sie beginnt, leicht braun zu werden.

2. Kombinieren Sie die zimmerwarme Butter, die Hälfte der Kokosraspeln, Zimt, Kardamom und Vanilleextrakt in einer separaten Schüssel. Kühlen Sie die Mischung etwa 5-10 Minuten lang im Kühlschrank.

3. Formen Sie kleine Kugeln und bedecken Sie sie mit den restlichen Kokosraspeln.

4. Kühlen Sie die Kugeln im Kühlschrank für ca. 10-15 Minuten.

Ernährung: Kohlenhydrate: 0,4g Fett: 10g Eiweiß: 0,4g Kalorien: 90

Rote Samt Cupcakes

Zubereitungszeit: 15 Minuten

Kochzeit: 25 Minuten

Portionen: 8

ZUTATEN:

- Cupcake-Teig:
- 2 Tassen Mandelmehl.
- 2 Esslöffel holländischer Kakao.
- 3 Esslöffel Butter.
- 1/3 Tasse Mönchsfrucht/Erythrit-Mischung.
- 3 Eier.
- 1/2 Tasse saure Sahne.
- 1/3 Tasse Buttermilch.
- 2 Teelöffel rote Lebensmittelfarbe
- 1 Teelöffel Backpulver Glasur:
- 1/2 Stick Butter.
- 2 Esslöffel Mascarpone-Käse.
- 8 oz. Frischkäse.
- 1/4 Tasse Mönchsfrucht-Süßstoff.
- 1 Teelöffel Vanille.

RICHTLINIE:

1. Geben Sie das Mehl, den Kakao und das Backpulver in eine große Rührschüssel und mischen Sie es gut durch. Geben Sie in einer anderen Rührschüssel die Butter, den Süßstoff und die Eier hinzu und schlagen Sie sie mit einem Standmixer auf. Geben Sie die saure Sahne, die Buttermilch

und den roten Farbstoff hinzu und schlagen Sie die Masse erneut.

2. Gießen Sie als Nächstes die Eimischung in die Schüssel mit der Mehlmischung und verrühren Sie alles, um es zu kombinieren. Legen Sie Pergamentpapier auf ein Muffinblech mit mehreren Vertiefungen, füllen Sie den Teig ein, stellen Sie das Muffinblech in den Ofen und backen Sie es bei 350 Grad F für etwa fünfundzwanzig bis dreißig Minuten, bis ein eingesteckter Zahnstocher sauber herauskommt, zum Abkühlen beiseite stellen.

3. Für die Glasur schlagen Sie alle Zutaten in einer Rührschüssel, bis die Masse glatt ist. Glasieren Sie die Cupcakes nach Wunsch und servieren Sie sie dann.

ERNÄHRUNG: Kalorien: 377 Kohlenhydrate: 5,5g Eiweiß: 7,4g Fett: 24g Zucker: 2,2g Natrium: 345mg Ballaststoffe: 2,5g

Keto Frosty

Zubereitungszeit: 45 Minuten

Kochzeit: 0 Minute

Portionen: 4

ZUTATEN:

- 1 ½ Tassen schwere Schlagsahne
- 2 Esslöffel Kakaopulver (ungesüßt)
- 3 Esslöffel Swerve
- 1 Teelöffel reiner Vanilleextrakt
- Salz nach Geschmack

RICHTLINIE:

1. Mischen Sie alle Zutaten in einer Schüssel.
2. Verwenden Sie einen Handmixer und schlagen Sie, bis sich steife Spitzen bilden.
3. Geben Sie die Mischung in einen Ziploc-Beutel.
4. 35 Minuten lang einfrieren.
5. In Schüsseln oder Schalen servieren.

ERNÄHRUNG: Kalorien: 164 Gesamtfett: 17g Gesättigtes Fett: 10,6g Cholesterin: 62mg Natrium: 56mg Gesamtkohlenhydrate: 2,9g Ballaststoffe: 0,8g Gesamtzucker: 0,2g Eiweiß: 1,4g Kalium: 103mg

Keto Shake

Zubereitungszeit: 15 Minuten

Kochzeit: 0 Minute

Portionen: 1

ZUTATEN:

- ¾ Tasse Mandelmilch
- ½ Tasse Eis
- 2 Esslöffel Mandelbutter
- 2 Esslöffel Kakaopulver (ungesüßt)
- 2 Esslöffel Swerve
- 1 Esslöffel Chiasamen
- 2 Esslöffel Hanfsamen
- ½ Esslöffel Vanilleextrakt
- Salz nach Geschmack

RICHTLINIE:

1. Mischen Sie alle Zutaten in einer Küchenmaschine.
2. Vor dem Servieren im Kühlschrank abkühlen lassen.

ERNÄHRUNG: Kalorien: 104 Gesamtfett: 9,5g Gesättigtes Fett: 5,1g Cholesterin: 0mg Natrium: 24mg Kohlenhydrate insgesamt: 3,6g Ballaststoffe: 1,4g Gesamtzucker: 1,1g Eiweiß: 2,9g Kalium: 159mg

Avocado-Eis-Pops

Zubereitungszeit: 20 Minuten

Kochzeit: 0 Minute

Portionen: 10

ZUTATEN:

- 3 Avocados
- ¼ Tasse Limettensaft
- 3 Esslöffel Swerve
- ¾ Tasse Kokosnussmilch
- 1 Esslöffel Kokosnussöl
- 1 Tasse ketofreundliche Schokolade

RICHTLINIE:

1. Geben Sie alle Zutaten außer dem Öl und der Schokolade in einen Mixer.
2. Mixen Sie, bis alles glatt ist.
3. Gießen Sie die Mischung in die Eiszapfenform.
4. Über Nacht einfrieren.
5. Mischen Sie in einer Schüssel Öl und Schokoladenspäne.
6. In der Mikrowelle schmelzen. Und dann abkühlen lassen.
7. Tauchen Sie die Avocado-Popsicles vor dem Servieren in die Schokolade.

ERNÄHRUNG: Kalorien: 176 Gesamtfett: 17.4g Gesättigtes Fett: 7.5g Cholesterin: 0mg Natrium: 6mg Kohlenhydrate insgesamt: 10,8g Ballaststoffe: 4,5g Gesamtzucker: 5,4g Eiweiß: 1,6g Kalium: 341mg

Schoko-Milchshake

Zubereitungszeit: 5 Minuten

Kochzeit: 0 Minuten

Portionen: 1

ZUTATEN:

- 1/2 Tasse Vollfett-Kokosnussmilch oder schwere Sahne.
- 1/2 geschnittene Avocado.
- 1-2 Esslöffel Kakaopulver.
- 1/2 Teelöffel Vanilleextrakt.
- Rosa Himalayasalz zum Abschmecken.
- 2-4 Esslöffel Erythrit.
- 1/2 Tasse Eis.
- Wasser nach Bedarf.
- Optionale Erweiterungen:
- MCT-Öl
- Hanf Herzen
- Kollagen-Peptide
- Minzextrakt oder Extrakt nach Wahl

RICHTLINIE:

1. Verwenden Sie eine Küchenmaschine oder einen Hochgeschwindigkeitsmixer und geben Sie alle Zutaten auf der Liste (außer dem Eis) zusammen mit den von Ihnen

gewählten Zutaten in den Mixer, bis die Mischung cremig und glatt ist.

2. Gießen Sie die Mischung in einen Servierbecher, geben Sie das Eis hinzu und servieren Sie.

ERNÄHRUNG: Kalorien: 303 Kohlenhydrate: 10,7g Eiweiß: 3g Fett: 31g Zucker: 1,2g Natrium: 1234mg Ballaststoffe: 1,4g

Schokoladen-Trüffel

Zubereitungszeit: 10 Minuten

Kochzeit: 10 Minuten

Portionen: 16

ZUTATEN:

- 9 oz. zuckerfreie dunkle Schokoladenchips.
- 1/2 Tasse schwere Schlagsahne oder Kokosnussmilch.
- 1 Teelöffel Zimt oder zuckerfreie Vanille.
- 2 Esslöffel Kakaopulver zum Bestäuben.

RICHTLINIE:

1. Stellen Sie einen Topf auf mittlere Hitze, fügen Sie die Sahne und den Zimt oder die Vanille hinzu und erhitzen Sie sie ein paar Minuten lang, bis sie zu köcheln beginnt.

2. Geben Sie die Schokolade in eine Rührschüssel, gießen Sie die erhitzte Sahnemischung hinein und lassen Sie sie ein paar Minuten stehen, bis sich die Schokolade auflöst, rühren Sie um.

3. Stellen Sie die Mischung zum Kühlen für etwa zwei Stunden in den Kühlschrank. Nach dem Kühlen kleine Kugeln aus der Masse formen, dann im Kakaopulver wälzen, servieren.

ERNÄHRUNG: Kalorien: 190 Kohlenhydrate: 2,5g Eiweiß: 1,9g Fett: 5g Zucker: 1,6g Natrium: 476mg Ballaststoffe: 3,7g

Himbeer Mousse

Zubereitungszeit: 10 Minuten

Kochzeit: 4 Stunden

Portionen: 8

ZUTATEN:

- 3 oz. frische Himbeere
- 2 Tassen schwere Schlagsahne
- 2 oz. Pekannüsse, gehackt
- ¼ Teelöffel Vanilleextrakt
- ½ Zitrone, die Schale

RICHTLINIE:

1. Gießen Sie die Schlagsahne in die Schüssel und pürieren Sie sie, bis sie weich wird.
2. Geben Sie die Zitronenschale und die Vanille in die Schüssel und mischen Sie sie gründlich.
3. Geben Sie die Himbeeren und Nüsse in die Sahnemischung und rühren Sie gut um.
4. Decken Sie die Schale mit Frischhaltefolie ab und stellen Sie sie für 3 Stunden in den Kühlschrank.
5. Mit Himbeeren garnieren und servieren.

ERNÄHRUNG: Kohlenhydrate: 3g Fett: 26g Eiweiß: 2g Kalorien: 255

Schokoladenaufstrich mit Haselnüssen

Zubereitungszeit: 5 Minuten

Kochzeit: 5 Minuten

Portionen: 6

ZUTATEN:

- 2 Esslöffel Kakao-Pulver
- 5 oz. Haselnüsse, geröstet und ohne Schalen
- 1 oz. ungesalzene Butter
- ¼ Tasse Kokosnussöl

RICHTLINIE:

1. Verquirlen Sie alle Aufstrichzutaten mit einem Pürierstab so lange wie Sie möchten. Denken Sie daran: Je länger Sie pürieren, desto glatter wird Ihr Aufstrich.

ERNÄHRUNG: Kohlenhydrate: 2g Fett: 28g Eiweiß: 4g Kalorien: 271

Schneller und einfacher Brownie

Zubereitungszeit: 20 Minuten

Kochzeit: 5 Minuten

Portionen: 2

ZUTATEN:

- 3 Esslöffel Keto-Schokoladenchips
- 1 Esslöffel ungesüßtes Kakaopulver
- 2 Esslöffel gesalzene Butter
- 2¼ Esslöffel Puderzucker

RICHTLINIE:

2. Kombinieren Sie 2 EL Schokoladenspäne und Butter, schmelzen sie in der Mikrowelle für 10-15 Minuten. Fügen Sie die restlichen Schokoladenspäne hinzu, rühren Sie um und machen Sie eine Sauce.

3. Fügen Sie das Kakaopulver und den Puderzucker hinzu und verquirlen Sie alles gut, bis Sie einen Teig haben.

4. Legen Sie den Teig auf ein Backblech und formen Sie den Brownie.

5. Schieben Sie Ihren Brownie in den Ofen (auf 350°F vorgeheizt).

6. Backen Sie für 5 Minuten.

ERNÄHRUNG: Kohlenhydrate: 9g Fett: 30g Eiweiß: 13g
Kalorien: 100

DER 30-TAGE-DIÄT-MAHLZEITENPLAN

Tag	Frühstück	Mittagessen	Abendessen
1	Keto-Knusper	Entenbrust	Leckeres Huhn Korma
2	Keto Süßes Gebäck	Rosmarin-Lammkoteletts	Keto Huhn Pot Pie
3	Lachs-Burrito	Sous Vide gebratenes Lamm	Leckeres Hühnerfrikassee
4	Morgenbrot	Rindfleisch-Birnensteak	Huhn und Gemüse Kabob
5	Lecker Muffin	Koriander-Knoblauch-Burger	Keto Cremiges Huhn mit sonnengetrockneten Tomaten
6	Frühstück Crepes	Knoblauch & Soja Tri-Tip Steak	Leckeres geschmortes Huhn
7	Fusion	Knoblauch-Frikadellen	Keto Brathähnchen
8	Blaubeer-Smoothie	Rinderhackfleisch Kebab	Low Carb Hähnchen Zucchini Boats
9	Schnelle Keto-Pfannkuchen	Pilz-Flankensteaks	Low Carb Huhn Satay
10	Spinat-Quiche	Rotwein-Rindsrippen	Keto Huhn und Blumenkohl Fried Rice
11	Creme Crepes	Lendensteak & Rübenpüree	Keto Paprika Huhn
12	Smoothie-Schale	Gefüllte Paprikaschoten	Low Carb Gebackenes Huhn und Gemüse
13	Teuflische	Gefüllter Grünkohl	Gebratenes Huhn und

	Pfannkuchen		grüne Bohnen Delis
14	Käsige Muffins	Rippenbraten mit Tomate und Jalapeno	Leckere Hähnchen-Frikadellen
15	Aubergine und Tomate Gericht	Gebratene Kräuterseitlinge	Schweinefleisch Carnitas
16	Chili-Gemüse & Nudelauflauf	Gegrillter Lachs	Leichtes Rinderbrustfilet
17	Gefüllte Zucchini mit Cheddar	Lachs mit Dill	Speck-Schweinekoteletts
18	Knuspriger Speck-Salat mit Mozzarella & Tomate	Shrimp Curry	Jamaikanischer Schweinebraten
19	Indischer gedünsteter Kohl	Gebutterter Lachs	Zitrus-Schweinefleisch
20	Gebratene Gemüsespaghetti mit Käse:	Shrimp mit Spargel	Paprika-Pilz-Schweinefleisch
21	Frischer Spinat mit Tomatensoße	Muscheln Ala Marinera	Pesto-Parmesan-Schweinekoteletts
22	Aromatischer Mandel-Grünkohl und Zucchini-Brei	Gebratener Lachs mit Parmesan-Dill-Kruste	Rindfleisch Fajitas
23	Sonntags Blumenkohl und Schinkenauflauf:	Keto Gebackener Lachs mit Zitrone und Butter	Senf-Schweinekoteletts
24	Keto Veggie Nudeln	Keto Gebackener Lachs mit Pesto	Rinderhackfleisch und Rosenkohl
25	Käsige Paprika-Pizza	Einfache "gegrillte" Garnele	Schweinefleisch mit Karotten
26	Gebratener Grünkohl mit Knoblauch	Fisch und Lauch Sauté	Rindersteak mit Knoblauch-Creme
27	Brokkoli-Huhn-Eintopf	Kokosnuss Meeresfrüchte-Eintopf	Ketogenes Rinderlendensteak
28	Cheddar-Huhn-	Shrimp-Eintopf	Ziegenkäse in der

			Walnusskruste mit Thymian
	Suppe		
29	Klassischer Hühner-Tomaten-Eintopf	Gewürzter Wolfsbarsch	Käsestangen im Speckmantel
30	Kokosnuss-Huhn-Suppe	Keto Cremiges Huhn und Champignons	Räucherlachs-Roll-Ups mit Rucola

SCHLUSSFOLGERUNG

Keto-Diät-Rezepte sind der beste Teil der ketogenen Diät. Es gibt viel Gemüse und Proteine in diesen Rezepten. Da Keto-Diät hat eine hohe Menge an Fetten und sehr geringe Menge an Kohlenhydraten, so dass diese Rezepte sind ein Muss für eine Person, die ketogene Diät folgen wird.

Aber es ist wichtig, dass wir nur frische Zutaten essen und keine Dosen- oder Tiefkühlprodukte verwenden, da in diesem Stadium alle Nährstoffe verloren gehen und wir keinen Nutzen daraus ziehen können.

Da die Keto-Diät weder Getreide noch Zucker enthält, können wir auch keinen Honig, keine Butter, keine Sahne und andere Produkte verwenden, die Teil der westlichen Ernährung sind.

Aber wenn Sie einige dieser Rezepte ausprobieren wollen, dann können Sie diese Zutaten in Ihre Ernährung einbeziehen, denn sie sind auch ein Teil von gutem Essen.

Ich folge immer noch der ketogenen Diät seit einem Jahr und ich habe so viele Veränderungen in meinem Körper gesehen, also wollte ich all diese neuen Veränderungen mit euch allen teilen.

Ich habe auch einige wirklich nützliche Produkte gefunden, von denen Sie leicht Keto-Diät-Rezepte und Ergänzungen erhalten können.

Diese Produkte sind wirklich gut und sie helfen mir, während der Keto-Diät von jeder Art von Nebenwirkungen fernzubleiben.

Es ist besser zu erfahren, dass Sie das gesetzte Gewichtsziel nicht erreichen können, als frustriert zu sein und aufzugeben. Anstatt sich also das Ziel zu setzen und abzustürzen, setzen Sie sich die Ziele in Schritten.

Sagen Sie z. B. statt "Ich möchte 30 Pfund abnehmen", "Ich möchte diesen Monat 5 Pfund abnehmen". Das funktioniert, weil Sie Ihre Erwartungen niedrig ansetzen. Wenn Sie Ihr Ziel, in diesem Monat 5 Pfund abzunehmen, erreicht haben, setzen Sie sich ein neues Ziel; hören Sie auf, auswärts zu essen oder keine anderen Getränke als Wasser zu trinken. Sie können beginnen, indem Sie sagen: "Ich möchte diesen Monat 10 Pfund abnehmen" und dann Ihr Ziel weiterhin niedrig ansetzen.

Irgendwann werden Sie Ihr Zielgewicht erreicht haben. Dies ist eine großartige Methode, um Ihr Ziel zu erreichen, da Sie sich auf diese Weise nicht von Anfang an zum Scheitern verurteilen. Ein weiterer Vorteil dieser Methode ist, dass sie Ihnen Selbstvertrauen gibt. Wenn eine Person mit kleinen Zielen Erfolg hat, gewinnt sie Selbstvertrauen und sie wird es weiter versuchen, bis sie schließlich Erfolg hat.

Dies gibt Ihnen hoffentlich eine Vorstellung von dem Prozess des Abnehmens. Sie können nun mit der Planung Ihrer Abnehmreise beginnen, indem Sie Ihre tägliche Kalorienzufuhr berechnen und bestimmen, wie viele Tage Sie pro Woche trainieren müssen.

Wir haben unsere empfohlene Rezept mit einfachen Schritten zu folgen. Wir beginnen von Frühstück, Mittagessen, Abendessen und viele Snacks Rezepte. Die Rezepte sind lecker und einfach zu Hause zu machen. Es gibt keine Einschränkung bei der Art der Lebensmittel, die Sie essen wollen, Sie können so viel essen, wie Sie wollen. Wenn wir über Gemüse sprechen, dann können Sie mehr grünes Gemüse in Ihre Ernährung aufnehmen, um mehr gesunde Vorteile daraus zu ziehen. Sie können mehr Gewürze und Kräuter in Ihre Mahlzeiten geben, um verschiedene Geschmäcker hinzuzufügen. Knoblauch ist gut für Ihre Gesundheit und großartig für die Verdauung, er hat mehr Vitamin C als eine Orange. Sie können auch so viele Gewürze hinzufügen, wie Sie wollen, es gibt so viele Gewürze auf dem Markt, die nicht gebraten sind oder zu viel Öl zugesetzt haben, so dass Sie sie verwenden können, wir werden Schritt für Schritt Anweisungen für die Herstellung von einfachen und köstlichen Mahlzeiten wie ein Koch teilen, die sie zu Hause machen. Wenn Sie mehr Gewürze in Ihre Ernährung aufnehmen, hilft das, die Anzahl der Kalorien in Ihrer Mahlzeit zu reduzieren. Sie können die meisten Gemüsesorten wie Zwiebeln, Tomaten, Rote Bete, Brokkoli, Karotten, Blumenkohl usw. verwenden. So werden Sie mehr Nährstoffe in Ihren Mahlzeiten haben, die sehr gut für die Gesundheit sind.

Sie können sich das nie vorstellen, bis Sie sie selbst ausprobieren. Es ist so einfach, dass Sie sie zu Hause immer wieder machen können. Sie können einige von ihnen mit Ihrer Familie zu Hause und auch für Ihre Freunde zubereiten.

Wir haben in diesem Buch eine Menge einfacher Rezepte für Sie bereitgestellt, also probieren Sie diese aus, wenn Sie Anfänger sind oder mit der Keto-Diät beginnen möchten, die sehr gut schmeckt.

Lightning Source UK Ltd.
Milton Keynes UK
UKHW020637010321
379583UK00012B/710